뜨거운 지구 뜨겁게 말하자

기후침묵을 넘어서는
우리의 목소리

뜨거운 지구 뜨겁게 말하자

이영경 글

보리

· 들어가며 ·

사람은 여전히
사랑으로 산다

    머리가 복잡할 때면 간단한 고전을 찾아 읽곤 합니다. 계엄이라는 무시무시한 상황을 접한 지난해 연말부터 일상이 무너지고 어수선해지면서 동화 같은 이야기를 담은 톨스토이의 《사람은 무엇으로 사는가》를 찾았습니다. 사람의 마음에는 사랑이 있다는 것, 그리고 사람에게 앞날을 아는 것은 허락되지 않으나 사람의 마음속에 있는 사랑으로 살아갈 수 있다는 것. 착하게 살자는 고루한 교훈이라고 느껴지기도 하지만, 사실 요즘에 딱 안성맞춤인 것도 같습니다. 개인의 욕망과 이익이 우선한 사회에서 존엄과 평등과 사랑이 얼마나 소중한 가치인지 절실하게 느끼는 때니까요.
    미국 트럼프 대통령의 행보가 연일 뉴스를 장식합니다. 그중에서도 기후변화 관련 정책은 그 어느 때보다 무섭게 후퇴하고 있습니다. 화석연료 채굴 규제를 없애고 청정에너지

산업 지원을 없애거나 전기자동차 지원을 축소하는 정책을 펼쳐 나갑니다. 기후변화를 부정하는 말도 서슴지 않았지요. 이런 정책은 모두 미국 우선주의와 미국 기업의 이윤만 앞세우는 것과 같은 맥락입니다. 기후위기를 공동으로 해결해 함께 살자는 생각보다 화석연료 기업과 미국 경제라는 소수의 이익에 기여하는 것이지요.

  우리나라도 만만치 않습니다. 기후재난은 지금 당장 일어나는 현실 문제이지만, 화석연료나 플라스틱과의 이별을 준비하는 신호는 부족하기만 합니다. 기후소송을 하고 일부 승소했지만, 기후 계획을 세우는 탄소중립녹색성장위원회에는 소송의 주체였던 이들 가운데 단 한 명도 참여할 기회가 주어지지 않았습니다. 여전히 석탄산업 노동자들은 일자리가 걱정되고, 핵발전 지역 주민들은 전기 생산의 식민지로 남아있습니다.

  연말연시 괜스레 분주한 제게 아들이 물었습니다. "엄마는 왜 그 일을 하는 거예요?" 갑자기 말문이 막혔습니다. 이른바 '활동'을 하면서 만나는 사람들이 비슷한 질문을 했을 때는 막힘없이 하던 대답이 있었지만, 아들에게는 무언가 다른 말을 해 주고 싶었습니다. 가장 먼저 떠오른 말은 '너희를 위해서'였습니다. 너희가 살아가는 세상이 조금이라도 나아지길 바란다고 말이죠.

그런데 말을 하고 나니 너무 교과서 같은 답처럼 느껴졌어요. 그래서 말을 더 보탰습니다. 지금까지 세상을 변화시킨 힘은 결국 수많은 사람들이 연대로 만들어 낸 힘이었고, 엄마도 그 변화를 만드는 연대에 작은 힘을 보태는 사람이 되고 싶었다고요. 여성인 엄마가 투표권을 가진 것도, 사회를 조금은 다른 시각으로 바라보는 책을 낼 수 있는 것도, 군대에서 휴대전화를 사용하고 카카오톡 같은 메신저 사용이 자유로워진 것도, 모두 많은 사람들이 관심을 갖고 함께 싸웠기 때문에 변화한 것들이라고 말이죠.

《뜨거운 지구 뜨겁게 말하자》를 펴내는 것이 반가운 것도 그 때문입니다. 이 책은 그동안 월간지 〈개똥이네 집〉의 지면을 빌어 적었던 '기후위기로 세상 읽기'를 한 권의 책으로 엮은 것입니다. 그때그때 이슈가 되던 사건을 중심으로 적은 글이다 보니 지금에 와서는 조금 철 지난 이야기도 있을지 모릅니다. 하지만, 단편적으로 흩어져 있던 기후 이슈들을 주제별로 엮어서 기후 문제에 관심 있는 독자들이 읽기 쉽게 구성했습니다. 이 책이 기후위기 시대를 살아가는 우리에게 '나만 아니면 돼'라는 자신만의 염려에서 벗어나, 조금이나마 함께 사는 걸음을 딛는 데 이정표가 될 수 있다면 무척 행복할 것 같습니다.

    책 《사람은 무엇으로 사는가》에서 천사 미하일은 세 번 웃습니다. 신의 의지를 세 번에 걸쳐 깨달았다는 뜻입니다. 저도 감히 그 세 번의 웃음을 욕심내어 보겠습니다.

    기후위기가 내 삶과 연결되어 있다는 것, 서로를 돌보는 것이 결국 내가 잘 사는 방법이라는 것, 우리는 언제나 연대로 연결되어 있다는 것. 결국엔 제가 할 수 있는 '연대'로 작은 변화의 시작을 만들기를 바랍니다.

    사람은 결국 사랑으로 삽니다.

2025년 4월
이영경

· 차례 ·

들어가며 사람은 여전히 사랑으로 산다 · 4

1부 기후위기와 불평등

기후변화의 원인과 기후위기의 모습 · 13
기후침묵을 넘어서는 우리의 힘 · 23
누가 농민들 목에 태양광 목수갑을 채웠나 · 33
우리 '즐거운 농성장'의 기억 · 43
우리에게는 피폭당하지 않을 권리가 있다 · 53
흰발농게와 비행기 · 63
오펜하이머, 과학 그리고 기후위기 · 73
바다에 재 뿌리고 하늘에는 소금 뿌리자? · 83
전기 요금, 올릴까요 말까요? · 93
10월에도 모기 때문에 힘들어하는 당신에게 · 103
눈길에서 마주한 기후불평등 · 113

2부 기후 시민으로 살아가기

옷장 검사를 시작해 볼까요? · 125

올해 설에는 고기를 줄여 볼까요? · 135

기후를 알 권리, 기후 교육을 받을 권리 · 145

작은 도시 서울을 상상하다 · 155

순환경제 사회의 키워드, 수리할 권리 · 165

누가 고래 뱃속에 플라스틱을 넣었나 · 175

기후정치를 말하는 사람들, 그리고 나 · 186

기후소송, 기후변화로부터 안전할 권리 · 196

디지털 다이어트를 시작하자 · 204

석탄발전은 멈춰도 우리 삶을 멈출 수는 없다 · 214

밀양의 친구들, 우리는 연결되어 있다 · 224

나가며 현재가 미래를 돕는다 · 234

· 1부 ·

기후위기와
불평등

기후변화의 원인과
기후위기의 모습

해마다 가을이면 문경에서 농사를 짓는 지인이 못생긴 사과를 보내 줘요. '못생긴 사과지만, 내겐 너무 예쁜 아이들이에요. 맛있게 드세요'라고 쓴 메모와 함께요. 처음엔 단순히 스스로 키운 농산물이라 애틋하겠거니 하고 가볍게 메모를 읽어 넘기고는, 잘 먹겠다며 고맙다고 인사를 보냈습니다. 그런데 어느 날 그 농부님과 통화하다가 그 '예쁘다'가 단순히 '예쁘다'는 뜻이 아니라는 걸 알았지요.

'날씨가 이상해.' 우리가 참 많이 하는 말입니다. 그런데 우리에게 '말'뿐인 날씨가 사과에게는 '생존'이었습니다. 이른 봄에 갑자기 날씨가 따뜻해져서 꽃들이 한꺼번에 일찌감치 꽃을 피웠어요. 사과꽃도 예외는 아니었지요. 꽃이 핀 다음 급격히 내려간 기온으로 꽃들은 열매를 맺지 못하고 꽃잎을 떨구었고, 겨우 그 추위를 견딘 꽃은 열매를 맺고 앙증맞은 열매를 키웠습니다. 그런데 웬걸, 가뭄과 폭우, 태풍이 여러 번 사과를 흔들었대요. 그 과정을 모두 이기고 빨간색을 보이며 영근 사과는 농부님 눈에 귀하고 귀한 결실이 된 거지요. 좀 못생기면 어때요. 예쁘기만 한 걸요. '상품'이 되지 못해 아쉽긴 해도 둘레 사람들에게 나누어 주며 그 귀한 얘기를 할 수 있어서 다행인걸요.

우린 사회 시간에 기후변화 때문에 농작물의 생산 지역이 바뀌고 있다는 것을 배운 적 있습니다. 제주에나 나던 귤이 남부 지역에서 자라고, 대구가 주 생산지였던 사과가 이젠 강원도 지역에서도 잘 자란다거나 하는 이야기요. 우리는 '아, 그렇구나' 하며 끄덕끄덕하고 말았던 사실이지만, 농부들에게는 매우 중요한 삶의 문제일 것입니다. 사과 농사에 맞추어 땅이며 시설이며 비료를 준비하는 데 오랜 시간이 걸렸는데, 갑자기 그 땅에서 사과를 키울 수 없게 되었다는 뜻이니까요.

뭐 농사뿐이겠어요. 전복과 해삼을 잡으러 바다로 들어가는 해녀들은 하루가 다르게 바뀌는 바다 모습을 본다고 말하고 있어요. 물질을 해서 따는 어패류가 줄어든 것도 큰 문제지만, 겨울에도 따뜻한 바닷물은 더 심각하다면서요. 야외에서 일하는 노동자들은 어떤가요. 작업장에서 일하다가 더우면 얼굴에 찬물 한 바가지 들이붓고 견디던 한여름이 이제는 옆 동료나 내가 더위에 쓰러질까 걱정하는 계절이 되었어요. 너무 더울 때는 작업을 멈춰야 한다며 정부에, 일터에 요구하게 되었지요. 병원 응급실에는 더위에 '뇌가 녹은' 환자들이 실려 오는 일이 점점 잦아지고 있습니다.

이런 문제가 왜 생길까요? 기후변화 때문이고, 대기 가운데 이산화탄소와 같은 온실가스가 많아지고 있어서입니다. 바로 '인간과 인간의 활동' 때문이지요. 지구온난화가 인류를 비롯한 지구 생태계에 영향을 많이 미칠 것이라는 사실을 인류가 깨달은 지는 이미 오래되었습니다. 1992년 브라질 리우에서 유엔기후변화협약 UNFCCC, 다른 말로 '지구온난화 방지협약'을 맺으면서 이산화탄소와 같은 온실가스의 배출을 억제하여 지구온난화를 막겠다는 목적을 밝혔으니까요. 그 회의에서 캐나다의 열두 살 청소년 세번 스즈키 Severn Cullis-Suzuki 는 이렇게 외쳤습니다.

"저는 여러분에게 과연 해결책이 있는지 묻고 싶습니다. 여러분은 오존층에 난 구멍을 수리하는 방법, 죽은 강으로 연어를 다시 돌아오게 하는 방법, 사라져 버린 동물을 되살리는 방법을 알지 못합니다. 그리고 여러분은 이미 사막이 된 곳을 푸른 숲으로 되살릴 능력도 없습니다. 여러분이 고칠 방법을 모른다면, 제발 그만 망가뜨리길 바랍니다!"

그 뒤로 벌써 서른 해가 훌쩍 넘었지만, 우리는 오히려 더 심각한 기후변화와 이상기후를 겪고 있습니다. 이제는 지구온난화나 기후변화라는 말을 기후비상, 기후위기, 기후재난, 지구가열과 같은 심각한 용어가 대신하고 있을 정도로요. 2019년 9월, 유엔기후변화협약 당사국총회 자리에서 그레타 툰베리 Greta Thunberg 라는 청소년이 다시 외치지요.

"삼십 년 넘는 기간 동안 과학은 명확했습니다. 필요한 정치와 해결책이 아직도 보이지 않는데, 어떻게 여러분은 이 자리에서 충분히 노력하고 있다고 말하며, 어떻게 그렇게 계속 외면할 수 있습니까? 여러분은 우리 말을 듣고 절박함을 이해한다고 말하지만, 저는 믿을 수 없습니다. 만약 지금 상황을 정말로 이해했는데도 여전히 행동하지 않는다면, 여러분은 악마가 될 것이기 때문입니다."

네, 기후변화의 원인은 인간이 배출한 온실가스 때문입니다. 과학적으로 이미 충분한 근거를 가지고 명확하게 밝혔지요. 그렇다면 우리가 원인을 알고 있는데도 왜 해결하지 못하고 있는지 생각해 봐야 합니다. 온실가스는 대부분 우리가 '에너지'를 사용하는 데서 발생합니다. 전 세계에서 석탄 사용으로 발생하는 온실가스가 약 42퍼센트, 석유가 30퍼센트, 가스가 20퍼센트쯤 차지합니다. 우리나라는 전체 온실가스 가운데 석탄을 사용해서 발생하는 양이 50퍼센트가 넘어서, 석탄으로 발생하는 1인당 온실가스 배출량이 세계 2위를 기록하고 있지요. 부문별로 보면 전기나 물건을 생산하거나 운송하는 '에너지 분야'가 거의 90퍼센트의 온실가스를 배출합니다. 그러니 에너지 분야에서 석탄이나 석유 사용을 줄이는 것이 인류에겐 매우 커다란 과제입니다.

지난 2021년 '제26차 유엔기후변화협약 당사국총회 COP26'에서 세계적으로 석탄을 이제 그만 사용하기로 약속하자는 제안이 나온 것도 그 때문입니다. 그러나 몇몇 나라의 반대에 부딪혀 '퇴출'이 아닌 '감축'으로 결정되었습니다. 바로 여기에 원인을 알지만 해결하지 못하는 까닭이 있습니다. 석탄을 퇴출해야 한다는 것은 알지만, 그것을 반대하는 까닭은 석탄이 자기 나라 경제에 큰 영향을 미친다는 것을 알기 때문입니다. 지금까지 온실가스 배출로 '부'를 축적하고 '전환'의 기초를 탄탄히 한 선진국들은 석탄을 퇴출할 수 있습니다. 하지만, 이제 막 경제발전을 시작했거나 '전환'의 기반이 없는 국가들은 석탄을 퇴출하면 자기 나라 경제에 미칠 영향이 매우 크다고 생각하겠지요.

인류의 산업문명과 부의 축적은 사실 석탄, 석유와 같은 화석연료에서 비롯되었습니다. 영국의 산업혁명을 말할 때면 석탄을 태우는 증기기관차가 바로 떠오르잖아요. 그 에너지원을 얻기 위해 전쟁이란 끔찍한 방법을 쓰기도 했지요. 그러니까 지금 온실가스 감축을 위해 석탄이나 석유를 사용하지 말자는 약속이 쉬울 수가 없지요. 오죽하면 미국의 트럼프 Donald Trump 대통령이 1기 행정부 시절에 '이렇게 추운데 무슨 기후변화냐'며 인류에 의한 기후변화를 부정하면서 기후변화협약을 탈퇴했을까요? 화석연료를 사용해 이윤을 만들고, 그 이윤을 위해 더 많이 생산하고, 그 생산을 위해 다시 화석연료를 사용하는 악순환. 그것이 우리가 지금까지 지구온난화의 원인을 알면서도 해결할 수 없었던 진정한 까닭일지도 모릅니다.

2015년 12월, 파리에서 열린 '제21차 유엔기후변화협약 당사국총회 COP21'에서는 일명 '파리기후협정 Paris Climate Agreement'을 채택했습니다. 지구의 평균기온 상승을 2도보다 상당히 낮은 수준으로 유지하고, 1.5도 이하로 제한하기 위한 노력을 해 나간다는 것이 주요 내용입니다. 또한 기후변화의 책임을 모든 국가에 부여하되 개발도상국과 선진국이 '공동의 차별화된 책임'을 구현해야 한다는 원칙을 담았습니다. 쉽게 말하면, 역사적으로 온실가스 배출에 큰 책임이 있는 선진국이 더 큰 책임을 지고 노력해야 한다는 당연한 말입니다. 이른바 '내가 싼 똥 때문에 다른 사람이 피해를 보고 있으니 똥 싼 사람이 책임져'라는 이야기니까요.

2022년 여름, 파키스탄은 지난 30년 평균의 약 세 배에 이르는 강우량으로 국토의 3분의 1이 물에 잠겼습니다. 이 때문에 1,700명 넘게 사망했고 이재민이 3,000만 명이나 발생했습니다. 경제적 손실도 무려 300억 달러에 이르렀지요. 문제는 이 이상기후와 그 때문에 생기는 피해가 파키스탄만의 책임은 아니라는 것입니다. 파키스탄 외교부 장관은 전 세계에 지원을 호소하면서 이렇게 말했지요.

"지구상에서 가장 온실가스를 적게 배출하는 나라 가운데 하나인 파키스탄이 지구온난화로 초래된 재앙의 최전선에 서 있습니다."

COP26 회의가 열리는 기간에 투발루의 사이먼 코페Simon Kofe 외무장관은 수중 연설을 했습니다. 그는 투발루에 있는 한 해변에서 "여러분들이 지금 저를 보듯, 투발루에서 우리는 기후변화와 해수면 상승이라는 현실을 살아 내고 있다"고 말하며 기후위기 대응에 회의장에서 벌이는 말잔치가 아니라 직접 행동에 나설 것을 촉구하기도 했습니다. 기후변화를 일으킨 책임이 큰 국가와 그 피해를 고스란히 받는 국가는 이렇게나 차이가 있습니다. 온실가스 대부분은 북반구 부자 국가들이 배출했지만, 그 피해는 남반구 국가에 더 크게 나타납니다. 하지만 남반구 국가들은 그 재난에 대응할 수 있는 여력도 아주 부족합니다.

코로나19가 전 세계를 휩쓸던 때 한 기사에서 본 사진이 아직도 기억납니다. 인도의 한 코로나19 환자가 격리할 공간이 없어서 나무 위로 올라가 생활하는 모습을 찍은 것이었습니다. 그 사진이 충격적이었던 건 바로 옆에 호화 요트에서 자가 격리를 하는 억만장자의 사진이 나란히 있었기 때문입니다. 코로나19 자가 격리가 드러낸 우리 사회의 민낯이었지요.

백신도 마찬가지였어요. 우리나라를 비롯한 여러 국가가 인구수 대비 몇 배 분량의 백신을 확보했는지 경쟁에 나섰을 때 남반구 국가들은 백신을 구하기조차 어려웠습니다. 그 시기에 COP26에 참가하려면 백신을 맞거나 열흘 동안 격리해야 했는데, 개발도상국 참가자들에게는 두 가지 모두 부담될 수밖에 없었지요. 국제연합UN 행사에서 선진국과 개발도상국 사이에 늘 힘의 불균형이 있었지만, 코로나19는 참여 자체에서부터 그 격차를 벌리는 상황에 맞닥뜨린 것입니다.

그러나 이런 불평등은 비단 국가 사이의 문제만이 아닙니다. 둘레를 조금만 돌아보아도 알 수 있습니다. 지난여름부터 호남을 비롯한 남부 지역에 쉰 해 만에 닥친 최악의 가뭄이 지속되고 있습니다. '호남의 젖줄'이라고 불리는 주암댐이 마르면서 3급수 강물을 식수로 대체하고, 공장은 바닷물을 끌어다 공업용수로 쓰기도 했습니다. 섬 지역은 이미 제한 급수로 생활에 엄청난 불편을 겪고 있고요. 단순히 지리적인 문제로 치부하기에는 이상 현상이 너무 심각합니다. 온실가스 배출은 서울과 수도권이 훨씬 많지만, 가뭄 피해는 호남이나 섬 지역에 더 크게 나타나고 있는 현실을 보여 주지요.

경제적인 차이에서 보이는 불평등은 더욱 심각합니다. 지난겨울 혹한으로 난방에 사용한 에너지가 많이 늘었습니다. 난방비 폭탄이라는 말이 나올 정도였지요. 하지만 이조차도 도시의 도시가스 요금이 얼마나 비싸졌는지에 대해서만 주로 이야기되었습니다. 농촌처럼 도시가스가 공급되지 않는 지역의 이야기는 잘 드러나지 않았습니다. 난방용으로 사용되는 등유나 프로판가스는 도시가스보다 훨씬 비싼데도 말이지요. 더 심각한 건 이마저도 사용할 수 없는 사람들이 있다는 사실입니다. 2023년 2월에는 난방이 되지 않는 집에서 추위를 이기려고 방 안에 불을 피운 외국인 노동자가 사망하는 일도 있었습니다.

그래서 기후위기에 대응하려면 온실가스 감축을 위한 정책 말고도 기후위기로 비롯된 재난의 대응과 적응을 위한 정책을 균형 있게 세워야 합니다. 특히 사회의 불평등을 바로잡는 정책을 우선으로 해야겠지요. 기후위기는 이윤과 부의 축적을 위해 그동안 발생한 불평등을 더 빠르게 수면 위로 끌어올리고 있으니까요.

물이 차오르는 반지하에서 사망한 장애인이, 비닐하우스에서 추위를 견디다가 목숨을 잃은 노동자가, 폭염에도 작업을 이어 가다 병원에 실려 간 외국인 노동자가, 태풍에 쓰러진 작물을 보며 눈물짓는 농민들이, 미래의 위험을 걱정하며 시위에 나선 청소년이 모두 기후위기 당사자입니다. 이들, 아니 우리가 모두 안전하고 행복한 미래에서 살 수 있도록 조금 더 눈을 뜨고 귀를 기울이고 손을 내밀어 보면 어떨까요?

기후침묵을 넘어서는
우리의 힘

　7월과 8월을 지나면서 몇몇 지인과 오랜만에 연락을 주고받았습니다. 충북 어디에 산을 등지고 살고 계시는 친구 어머니에게, 청주 도심에 사는 활동가에게, 전남에서 농사짓는 선배에게, 인천 바닷가 한 아파트에 사는 친구에게, 평소 '먼저' 연락하는 일이 별로 없는 제가 후다닥 번호를 찾아내 연락한 데는 까닭이 있습니다. 눈치챘겠지만 이들이 사는 곳에 기후재난이 닥쳤기 때문입니다.

　어마어마하게 쏟아진 비로 산사태 피해가 컸습니다. 오송 지하차도가 잠겨 많은 사람이 생을 마감했습니다. 농사짓는 사람들은 생계가 막막합니다. 이 가운데 인천에서는 해수면이 상승해 며칠째 도로가 잠겼습니다.

이뿐인가요. 성남 사는 동생에게 특정 지하철역에 있지 않았냐고 묻고, 대전에 사는 친구에게 아들의 고등학교가 어디냐고 물었습니다. 기후재난은 아니지만, 일상의 위협이 많아진 요즘 안부를 묻는 것이 필요해졌습니다.

계속되는 폭염으로 많은 사람이 힘들어하고 있습니다. 2023년 8월 4일 기준으로만 해도 지난해보다 1.5배 많은 1,520명이 온열질환으로 신고되었습니다. 이미 스무 명이 넘게 사망했고요. 기록적인 폭염이 이어졌던 2018년보다 더 많은 사람이 피해를 본 것입니다.

폭염이 시작되기 전에 겪은 폭우는 어떤가요. 인명 피해만 해도 사망 47명, 실종 3명, 이재민 2,000명 이상이라는 슬픈 기록을 남겼습니다. 인명 피해 말고도 함께 살던 동물을 잃고, 귀하게 키우던 농작물이 쓰러지고, 몸을 누이던 집을 잃고……. 이루 말할 수 없는 피해만 남았습니다.

이런 기후재난은 우리나라만의 문제가 아닙니다. 미국에서는 화물트럭에 타고 있던 개 여덟 마리가 죽는 일이 일어났습니다. 운전자가 에어컨을 켜지 않은 사실을 미처 깨닫지 못해 화물칸의 개들이 더위를 못 버틴 거지요. 미국의 전체 인구 절반 이상이 사는 지역에 폭염경보나 주의보가 발령됐습니다. 심지어 8월 중순에는 기온이 46도까지 오를 것으로 헤아리고 있지요. 이탈리아나 스페인처럼 유럽도 마찬가지입니다. 40도에 이르는 폭염이 이어지면서 '불가마'라는 표현이 낯설지 않습니다. 이 때문에 곳곳에 산불도 커지고 있고요. 2023년 4월, 캐나다에서 번진 산불은 대한민국 전체 면적보다 넓은 산림을 태우고 9월에야 잦아들었습니다. 산불로 배출된 탄소는 무려 24억 톤으로, 우리나라 한 해 배출량과 견주어 보면 네 배쯤 됩니다. 중국은 어떤가요? 어떤 곳은 40도가 넘는 무더위, 어떤 곳은 태풍 '독수리'가 가져온 물 폭탄으로 신음하고 있습니다.

이제 기후재난을 늘어놓는 일은 그만해도 될 것 같습니다. 너무나 많은 기후재난이 우리 삶을 파고드니까요. 굳이 다른 나라 폭염이나 산불을 이야기하지 않아도 어느새 나의 일상이 되었다는 것쯤은 알 수 있으니까요. 지구의 평균 기온은 계속 올라가서 인류가 기온을 관측한 뒤로 가장 높은 온도를 경신하고 있습니다. 세계 해수 온도도 급상승해서 가장 높은 수온을 기록하고 있고요. 영국의 한 기상학자는 이 기록 경신을 두고 '축하할 이정표가 아니라 인류와 생태계에 내려진 사형선고'라고 표현했습니다. 지구촌 전체가 기후재난의 현장이 되면서 UN 사무총장 안토니우 구테

호스 Antonio Guterres 는 "이제 지구온난화 시대가 끝나고, 지구가 끓어오르는 가열화 시대가 시작되었다"고 말하기도 했습니다.

그런데 참 이상하지요? '현상'을 이야기해 주는 뉴스는 많은데, 그래서 무엇이 어떻게 달라져야 하는지, 실제로 무엇을 바꿀 것인지 이야기해 주는 내용은 참 부족합니다. 오송에서 너무나 안타까운 일이 벌어져도 정부와 정치가들은 누구 책임인지 따지는 데 급급합니다. 폭염 피해를 줄이기 위해 '개인'이 야외 활동을 줄이거나 물을 많이 마시라고 조언할 뿐입니다. '이상기후'고 '자연'의 문제라서 예측하기 어렵다며 책임을 비껴갑니다. 사회 전반적인 위기임을 말하지 않고, 그냥 하나하나가 특이한 사건이라고만 말하고 있습니다.

몇 해 전 부산에 눈이 '많이' 와서 도로가 마비된 적이 있습니다. 그때 내린 눈은 0.2센티미터였습니다. 같은 해 겨울 강원도는 눈이 30센티미터가 와도 큰 피해가 없다고 보도했지요. 부산보다 강원도에 무려 150배나 눈이 더 왔는데 부산은 도로가 마비되고 강원도는 피해가 없다는 사실, 굉장히 이상하지만 다들 이상하다고 여기지 않았을 거예요. '부산은 원래 눈이 안 오던 데고 강원도는 눈이 많이 오던 지역이니까' 하며 당연하다고 여겼겠지요. 2023년 1월 대만에서는 한

파로 백 명이 넘는 사람들이 숨을 거뒀습니다. 추운 겨울에도 영상 10도 이하로 떨어지지 않는 아열대기후라서 난방 시설이 없는 경우가 많아, 9도의 기온에도 취약했던 것이지요. '원래' 그런 곳은 문제에 대비를 많이 하고, 시민들도 대처 방법을 잘 알고 있지만, 그렇지 않은 상황이라면 피해는 커질 수밖에 없어요.

문제는 '원래'라는 것이 사라지고 있다는 사실입니다. '원래'가 사라지는 것은 단순히 그 현상에만 그치지 않습니다. 올여름 폭염을 에어컨 속에서 잘 피했다고 문제는 끝나지 않는다는 것이지요. 폭염으로 인해 건설 현장과 논밭에서 열사병 환자와 사망자가 늘어납니다. 쪽방촌에서 홀로 사는 노인이나 비닐하우스에 사는 이주 노동자는 건강에 위협을 받습니다. 농사는 어떤가요. 농민만 피해를 입는 것이 아니라 우리 식탁도 위협을 받습니다. 제대로 된 먹을거리를 구하지 못하면 건강이 나빠집니다. 축산 농가의 생산도 줄어드니 당연히 먹을거리 가격은 올라가고 농가 소득은 줄어듭니다. 더 나아가 먹을거리가 부족해지면 이는 분쟁의 씨앗이 되기도 합니다.

도시라고 안전할까요? 폭염은 정전이나 화재의 원인이 되기도 합니다. 얼마 전에는 폭염으로 고속철도가 멈추기도 했습니다. 노동의 효율을 떨어뜨리고 가계 소득에도 영향을 미칩니다. 폭염을 피하려고 사용하는 에너지는 또다시 탄소 발생의 원인이 되는 악순환을 만듭니다. 폭염이라는 이상기후 현상이 사회 곳곳에 영향을 미치고 사회 시스템을 무너뜨리는 것이지요. 이러니 앞서 말한 것처럼 개인에게 야외 활동을 자제하라고 당부하는 것만으로 폭염이라는 재난을 해결할 수 없습니다. 기후재난을 하나하나 특이한 사건으로 보기보다 우리 사회 전체의 문제로 생각하고 대비해야 하는 까닭이 여기 있습니다.

그러나 안타깝게도 우리 사회는 적절한 대비를 못 하고 있습니다. 공항을 짓고 석탄발전소를 새로 돌리는 것처럼 기후위기를 부추기는 일들은 여기저기 급물살을 타고 있지만, 반대로 온실가스를 줄이거나 재난에 대비하는 변화는 잘 보이지 않습니다. 핵발전을 늘리겠다는 정책만 꾸준히, 더 많이 들려옵니다. '기후대응'은 사라지고 '핵발전 강국'만 남은 형국이라고 보는 게 맞을지도 모르겠습니다. '정부의 기후위기 정책에 대해 들어보셨나요?' 하고 물어보면 많은 이가 핵발전 확대 정책이 생각난다고 할 정도니까요.

우리나라는 2023년 4월 '제1차 탄소중립 녹색성장 기본

계획'을 세웠습니다. UN에 제출한 대로 2030년까지 온실가스 배출은 2018년보다 40퍼센트 줄이는 것을 목표로 세웠고, 저마다 부문별로 어떻게, 얼마나 줄일 것인지도 계획에 담았습니다. 가장 배출량이 많은 산업 부문에서 약 11퍼센트를 줄이고, 전환(발전) 부문에서는 핵발전을 적극 확대하여 45퍼센트 정도를 줄이겠다고 계획했습니다. 게다가 이 계획에는 국제 감축이나 탄소포집·활용·저장기술CCUS과 같은 불확실한 방법이 많이 포함되었습니다.

배출 책임이 가장 큰 산업계는 목표가 낮아서 환영했지만 시민사회는 책임이 가장 큰 산업계에 면죄부를 주는 계획이라고 비판했습니다. 일부 산업계는 정부가 세계시장의 변화에 걸맞은 신호를 주어야 한다며 우려의 목소리를 냈습니다. 발전 부문의 목표에 대해서도 많은 우려가 있습니다. 세계는 재생에너지를 더 빠르게 확대하려는 반면, 우리는 핵발전 확대가 큰 비중을 차지하면서 재생에너지에 너무 더딘 정책을 세웠기 때문이죠. 지난 2018년 10월 UN 산하에 있는 기후변화에 관한 정부간 협의체IPCC는 지구의 평균기온 상승 폭을 1.5도 이내로 제한해야 한다는 내용의 《지구온난화 1.5℃》 특별 보고서를 채택했습니다. 특히 전력 부문의 온실가스를 줄이기 위해 2050년까지 재생에너지를 75퍼센트 이상 늘려야 한다고 권고했지요. 하지만 우리나라의 재생에너지 비중은 2024년에도 10퍼센트가 채 되지 않습니다.

글로벌 기업들은 재생에너지 100퍼센트로 물품을 생산하겠다고 약속하는 알이백RE100을 선언하고, 그 기업에 납품하는 다른 기업들에게도 RE100을 요구하고 있습니다. 그러다 보니 우리 기업은 그 조건을 맞추지 못해 계약을 파기당하는 일도 벌어집니다. 또 한편에서는 해외의 풍력 기업이 우리나라 바다에 부는 좋은 바람을 다 차지하고 있습니다. 지금 우리나라의 대규모 풍력단지 건설에는 해외 기업의 투자가 국내 공기업 투자보다 훨씬 많습니다. 세계는 재생에너지에 적극 투자하는 데 반해, 우리 정부는 재생에너지 지원은 줄이고 오로지 핵발전 확대에만 중점을 두고 있으니까요. 더 큰 문제는 핵발전의 긍정적 영향, 부정적 영향을 제대로 설명하는 내용은 거의 없고 찬성과 반대라는 정치적 대립만 쏟아지고 있다는 사실입니다.

핵발전을 확대한다고 기후재난을 해결할 수 있을까요? 핵발전을 확대한다고 우리나라의 온실가스 배출을 줄일 수 있을까요? 그렇지 않습니다. 우리 정부가 추진하는 신규 핵발전소는 최소 2032년에야 건설이 마무리되는데, UN은 앞으로 십 년 동안의 기후행동이 우리의 미래를 결정한다고 밝혔습니다. UN 사무총장은 지금의 지구를 '시한폭탄'에 비유했고, 일각에서는 이미 되돌릴 수 없는 상황에 이르렀다고 경고하기도 합니다.

홍수, 폭염 같은 기후재난보다 우리가 더 크게 걱정해야 하는 것은 우리나라의 정책을 결정하고 추진하는 사람들이 이 위기를 인지하지 못하는 현실입니다. '전례 없는 거대한 전환'을 이루어 나가야 하는 때 핵발전만 바라보며 기후위기에 침묵하는 것입니다. 2050년의 사회를 제시하고, 그 경로를 설계하고, 눈앞에 있는 재난을 어떻게 돌보고 보듬을지, 머리를 맞대야 하는 지금, 서로 남 탓하며 정쟁만 커지는 것입니다.

그래서 지금 우리는 정책을 결정하고 추진하는 사람들에게 큰 목소리로 외쳐야 합니다. 기후위기에는 침묵하고 핵발전 정책으로 모든 것을 가리는 정부에게 침묵을 깨고 필요한 기후 정책을 추진하라고 말입니다. 국제연합환경계획 UNEP이 기후위기에 맞서기 위해 할 수 있는 행동을 열 가지로 정리해 발표한 적이 있습니다. 그 가운데 첫 번째는 '기후위기에 대해 말하라', 두 번째는 '정치를 압박하라'였습니다. 혼자서 하는 일회용품 줄이기, 에너지 절약하기와 같은 기후행동도 소중하지만, 사회 시스템을 결정하는 사람들을 함께 압박

해야 올바른 변화를 이끌 수 있습니다.

　해마다 9월에는 전 세계 150개가 넘는 나라, 600개가 넘는 지역에서 '세계 기후파업'이 진행됩니다. 우리나라에서는 '기후정의행진'이라는 이름으로 광장을 열고, 기후위기와 기후불평등을 해결할 것을 요구하고 기후정의를 실현하자고 외칩니다. 폭우와 폭염, 폭설과 한파 속에서 안전한 삶을 바라는 우리의 힘이 모여 정치를 바꾸고 정책을 바꿀 수 있다는 것을 알기 때문입니다. 기후위기의 당사자이자 변화의 주체인 우리가 기후침묵을 깨고 위기를 넘는 힘을 모을 때, 그 자리에서 희망이 싹틀 것입니다.

누가 농민들 목에
태양광 목수갑을 채웠나

어느 해 가을, 국회에 볼일이 있어 여의도를 지나게 되었습니다. '농민기본법'과 '먹거리기본권'을 말하며 전국의 농민들이 집회를 하고 있었지요. 최근 기후위기 때문에 농업이 더욱 힘들어지고, 식량 부족 문제도 심각해졌기에 농민들 집회에 눈길이 갔습니다. 사람이 살아가는 데 꼭 필요한 먹을거리를 지켜 내는 것, 그를 위한 토지와 농업을 지켜 내는 것, 그 일을 하는 농민들의 삶을 지키는 것 모두 다 매우 중요했으니까요.

응원하는 마음으로 농민들이 들고 있는 피켓을 보다가 정말 깜짝 놀랐습니다. 무대 앞에 앉아 있는 농민들이 피켓 대신 차고 있는 목수갑 때문이었습니다. 목수갑이 바로 '태양광' 모양이었거든요. 목수갑이 뭔지 아세요? 보통 '칼'이라고도 부르는데, 〈춘향전〉에서 춘향이가 감옥에 갇혔을 때 목에 차고 있던 거지요. 순간 '태양광이 왜 목수갑으로 둔갑했을까?' 하는 이성적 물음보다는 '철렁' 하고 내려앉는 감정의 무거움이 저를 짓눌렀어요. 그동안 기후위기에 대응하려면 태양과 바람을 이용한 재생에너지로 바꾸어야 한다는 주장을 하던 제게 농민들의 '태양광 목수갑'은 더 무겁게 다가왔습니다.

앞서 말한 《지구온난화 1.5℃》 특별 보고서에서는 전 세계가 2050년까지 탄소배출을 '0'으로 줄이기 위한 수단으로 가장 주요하게 언급한 것이 바로 전력 부문에서 석탄이나 가스와 같은 화석연료 사용을 줄이고 재생에너지로 바꾸는 것입니다. IPCC가 2023년에 발표한 '제6차 평가 보고서'에서도 온실가스를 감축하는 방법 가운데 가장 가성비가 좋은 수단으로 태양광이나 풍력을 꼽았지요. 그동안 인류의 주요 에너지원이었던 석탄이나 석유 같은 화석연료는 태우거나 가공할 때 온실가스를 아주 많이 배출합니다. 화석연료에서 벗어나고 온실가스 발생이 적은 재생에너지로의 전환이 필요해진 것이지요. 그에 따라 전 세계는 태양광과 풍력에너지로 바꾸는 데 속도를 높이고 있습니다.

아이슬란드와 노르웨이는 이미 국가 전력의 전체를 재생에너지로 충당합니다. 스웨덴이나 브라질, 덴마크 같은 여러 나라도 이미 50퍼센트를 넘겼지요. 탈핵을 선언한 독일은 약 60퍼센트, 중국도 약 30퍼센트를 재생에너지로 충당합니다. 우리나라가 속한 경제협력개발기구OECD 국가들의 재생에너지 비중을 평균 내어 보면 이미 34퍼센트가 넘었고, 전 세계 평균도 30퍼센트가 됩니다. 그러나 우리나라의 재생에너지 비중은 이제 막 9퍼센트를 넘겼습니다. 2050년까지 적어도 전체 전력의 75퍼센트 이상을 재생에너지로 바꾸어야 하는데, 이제 9퍼센트를 넘겼으니 갈 길이 참 멀지요. 그러니 좀 더 빠른 속도를 내는 게 필요합니다.

그런데 속도만 생각하다가는 그 '방법의 올바름'을 놓치기 십상입니다. 농민들의 목숨값도 그래서 나온 장면이지요. 어느 때부터 태양광발전이 몇몇 브로커들의 돈벌이 수단이 되면서 넓고 저렴한 땅에 태양광발전소가 세워지기 시작했습니다. 농지를 빌려주고 일부 임대료를 받던 땅 주인들이나, 태풍이나 가뭄 한 번에 일 년 치 이상의 농사를 망친 경험이 있는 농민들이 태양광발전에 땅을 내주는 것은 어쩌면 당연한 일이었는지 모릅니다. 그러다 보니 농사에 진심인 농민들에게 태양광발전은 생명의 땅을 죽이고 농민을 죽이고 결국 우리의 먹을거리를 위협하는 존재가 된 것이지요. 특히 친환경 농사를 지으려고 오랫동안 공들여 온 임대 농지에서 이제야 겨우 수확을 기대하는 농부에게, 이제 그 땅은 태양광에게 내줄 테니 농사를 그만하라고 한다면 그 상실은 엄청날 것입니다.

    농민들은 이렇게 묻습니다. 나중에 쌀이 아닌 전기를 먹고 살 수 있느냐고. 도시 사람들이나 공장에서 필요한 전기 때문에 왜 농촌이 피해를 보아야 하느냐고. 그래서 이렇게 스스로 답도 내놓습니다. 전기 많이 쓰는 공장 위에, 도시 사람들이 지나다니는 도로와 집 지붕 위에 먼저 태양광을 얹으라고. 그래도 부족해서 농촌으로 와야 한다면 돈벌이만 바라보는 기업 말고 정부나 지자체가 주관해서 하라고. 어찌 보면 아주 간단한 답이기도 하지요.

    사람들이 많이 사는 곳은 그만큼 더 많은 전기가 필요합니다. 우리나라 광역시, 도 가운데 전기를 가장 많이 쓰는 곳은 경기도인데, 도 안에서 생산하는 전기는 소비하는 전기의 약 60퍼센트밖에 안 됩니다. 서울은 소비량 대비 생산량이 10퍼센트 조금 넘는 수준이지요. 반면 농민들이 많은 전남은 거의 200퍼센트까지 오릅니다. 전남은 무분별하게 늘어나는 태양광발전뿐 아니라, 영광에 세운 핵발전소에서 생산하는 전기의 양이 많기 때문입니다. 전기소비량 대비 생산량 비중을 '전력자급률'이라고 하는데, 광역시, 도 가운데 전력자급률이 가장 높은 지역은 인천광역시입니다. 인천 영흥도에 대규모 석탄화력발전소가 운영되면서 우리나라 전체 전기의 약 5퍼센트나 되는 양을 생산하고 있으니까요.

대규모로 전기를 생산한다는 것은 그에 따른 피해도 많아진다는 것을 뜻합니다. 석탄화력발전소가 많은 충남이나 인천에서는 석탄 가루나 대기오염 물질 때문에 겪는 피해를 많이 이야기합니다. 전기를 옮기기 위해 지어 놓은 초고압 송전답 때문에 암 발병률도 높지요. 핵발전소가 많은 부산이나 경북 경주 주민들은 방사능 오염 때문에 갑상선암에 걸리는 사람들이 늘었습니다. 지진이 일어나거나 태풍이 올 때마다 혹시 모를 사고에 유난히 불안하기도 하고요. 우리가 플러그를 꽂아서 편하게 사용하는 전기는 우리가 모르는 사이 수많은 사람들의 아픔을 대가로 치르고 있었는지도 모릅니다.

마을의 에너지전환을 이야기하는 자리에서 어떤 분이 질문을 했어요. 태양광발전기도 몇 해가 지나면 결국 폐기물이 될 텐데, 그 폐기물 처리는 어떻게 하려고 하느냐, 그 또한 오염물질이 아니냐고 말이지요. 중요한 사실이고 궁금한 내용이긴 했지만, 그 물음을 듣고 괜히 심술이 났어요. 그 물음조차 불평등의 산물이겠다 싶으면서 핵폐기물 때문에 건강을 잃은 핵발전소 지역 주민들이 생각났습니다.

사십 년 가까이 핵발전소를 끼고 살았던 부산과 울산 주민들에게 최근에 또다시 닥친 문제가 있습니다. 핵폐기물을 처분할 장소가 없으니 발전소 옆에 임시로 핵폐기물 저장하는 시설을 짓겠다는 계획이 나왔기 때문이에요. 주민들은 전 국민이 사용하고 나온 그 위험한 쓰레기를 왜 또 지역에서 떠안아야 하느냐고 목소리를 높였습니다. 우리가 만들어 낸 폐기물이니 당연히 방법을 찾아야 하는데, 핵발전소에서 멀리 떨어져 사는 사람들은 대체로 이 문제에 별로 관심이 없습니다. 눈에 보이지도 않고 누군가 가르쳐 준 적도 없으니까요. 내가 사용한 전기가 만들어 낸 폐기물이지만 내 책임이라고 생각해 본 적도 없습니다. 이 핵폐기물을 줄이기 위해서 핵발전소 전기를 줄여야 한다고 연결해 생각하는 것도 쉽지 않습니다.

2021년 노르웨이에서 있었던 일을 이야기해 볼까요? 노르웨이 북부에 살고 있는 사미Saami족이라는 원주민들이 풍력 기업을 상대로 소송을 제기했습니다. 151기나 되는 풍력발전기의 우뚝 솟은 날개와 소음 때문에 기르고 있는 순록이 이동할 때나 먹이를 구할 때 방해를 받는다는 것이에요. 노르웨이 법원은 법에 따라 적합하게 건설된 발전기라 할지라도 원주민들 권리를 침해한 사업은 무효라고 밝히며 원주민들의 손을 들어 주었습니다. 풍력발전이 기후위기에 대응하는 주요한 방법인 것은 맞지만, 그 전환 과정에서 특정 집단의 피해를 강요하거나 피해에 외면하면 안 된다는 까닭이었습니다. 기후위기 대응을 위한 전환에서 속도만이 아니라 정의로운 방법을 선택해야 한다는 것을 보여 준 사례였지요.

온실가스를 줄이기 위해 화석연료에서 재생에너지로 전환을 이루어야 하지만, '에너지전환'은 단순히 연료를 바꾸는 것에서 끝나지 않습니다. 누가, 무엇을, 어디에, 어떻게, 얼마나. 이 모든 것이 정의로운 방법으로 구현될 때 진정한 에너지전환을 이룰 수 있을 것입니다. 정부와 대기업이 석탄발전을 어느 한 지역에 대규모로 짓는 것이 아니라, 정부와 지자체, 공기업과 시민 공동체가 태양광이나 풍력발전을 소비 지역에 맞춰 적정 규모로 짓는 것이 좀 더 나은 방향이겠지요. 석탄발전소에서 일하던 노동자들도 일자리를 잃지 않고 다른 직종으로 바꿀 수 있도록 함께 노력하고요.

우리 집 베란다에 처음 태양광발전기를 설치하던 날이었어요. 초등학교 5학년 아이가 설치 기사님 옆에서 쫑알쫑알 궁금한 것을 많이도 쏟아 냈습니다. 해님이 만드는 전기로 선풍기를 켤 수 있는지, 새똥이 떨어지면 어떻게 해야 하는지, 전기를 만들고 있다는 걸 어떻게 알 수 있는지처럼 꼼꼼히 물은 덕에 엄마인 저도 많이 배웠지요. 다음 날 학교에 가서 자랑을 해 친구들이 집으로 견학을 오기도 했습니다. 마침 햇살 좋은 가을날이어서 전기 계량기가 거꾸로 돌아가는 진귀한 장면도 보여 줄 수 있었지요.

조금은 부끄러운 이야기도 하나 할까요? 태양광발전기를 설치하고 맞이한 첫 여름, 에어컨을 켜는데 괜히 마음이 편해지더라고요. 전기 요금 부담이 줄어서 그랬겠지요. 전보다 더 사용해도 햇빛 전기가 채워 줄 것 같은 괜한 기대감 때문이었어요. 어이쿠, 이게 아니지 싶어 제 머리를 꽁 쥐어박으면서 식구들에게도 신신당부했어요. 태양광발전기 달았다고 전기를 펑펑 쓰면 차라리 설치하지 않았던 때가 더 나을 수 있다고요.

이처럼 에너지전환에서 주의 깊게 살펴야 할 부분이 하나 더 있는데, 바로 전력의 사용량을 줄이는 일입니다. 공장의 생산방식이나 가전제품에서 에너지효율을 높이고, 불필요한 사용은 줄이는 것이지요. 아무리 재생에너지라고 해도 생산할 수 있는 양은 한계가 있고, 발전기를 만들고 설치하고 폐기하는 과정 모두 생태계와 기후에 영향을 미치니까요.

집에 태양광발전기가 있다고 말을 하면 사람들 대부분은 설치비는 얼마나 들었고, 전기 요금은 얼마나 줄었는지를 가장 궁금해해요. 사실 저는 처음부터 전기 요금을 줄이려는 목적은 아니었어요. 내가 사용하는 전기를 조금이라도 직접 생산해 보자는 단순한 생각으로 시작해서 에너지전환에 아주 작은 몫이라도 보태자는 뿌듯한 욕심을 더했지요. 처음 몇 달은 우리 집을 비추는 해님이 얼마나 전기를 만들어 주는지 살피는 일이 참 신기하고 즐거웠어요. 다섯 해가 훌쩍 넘은 지금이야 신기함은 사라졌지만, 고마움은 여전합니다. 누구에게도 피해를 주지 않고, 깨끗하고 안전한 전기를 생산해 주고 있으니까요.

기후위기에 대응하는 에너지전환은 매우 큰 이야기입니다. 석탄과 석유, 가스의 자리를 재생에너지가 생산하는 전기로 바꾸는 거대한 프로젝트지요. 산업이나 공장도, 수송이나 유통도, 난방이나 취사도 모두 말입니다. 그 거대한 전환 속에서 농민들에게 목수갑을 채운 것은 태양광발전기 그 자체가 아니라, 전기가 어디서 오는지 어떤 아픔이 있는지 외면하던 우리일지도 모릅니다.

　이제 저마다 집에 작은 태양광발전기를 놓는 마음과 변화를 요구하는 목소리로 정의로운 에너지전환의 작은 시작을 내디뎌 볼까요? 저 멀리서 끌어오는 전기 생산을 줄이고 우리 동네, 우리 마을의 에너지전환을 함께 상상하고 만들어 보는 일도 에너지전환에 한 발짝 다가가는 일입니다. 누군가의 목에 '칼'을 채우는 강요된 전환 말고 서로가 함께 살아가자는 따뜻한 연대를 모색하면서 말이지요.

우리
'즐거운 농성장'의 기억

둘째 아이를 낳고 얼마 안 되었을 때니, 벌써 십 년이 넘었습니다. 경남 밀양 할매들의 처절한 투쟁 소식이 들려왔어요. 마을 한복판을 가로지르는 송전탑 공사를 막으려고 시골 할매들이 날마다 새벽 산을 오르내린다는 이야기였어요. 안 그래도 힘든 싸움이겠다 싶었는데 마을 할배 한 분이 분신자살하셨다는 황망한 이야기도 들렸지요. 우리 단체 활동가들뿐 아니라 곳곳의 시민사회 활동가들이 밀양으로 달려갔습니다.

엄마 껌딱지로 유명한 첫째 덕분에 저는 외박은 꿈꾸지도 못했던 때였어요. 그러나 마음은 자꾸만 가서 뭐라도 해야 하지 않나 싶었지요. 아이한테 밀양 할매들이 투쟁하는 모습을 보여 주며 엄마가 이분들에게 힘을 보태러 가고 싶다고 했더니 아이도 눈을 깜빡이며 엄마를 이해하려고 애쓰더라고요. 그렇게 첫 '탈핵희망버스'를 탔습니다. 첫째 아이를 낳은 지 다섯 해 만에 첫 외박이었지요.

52개 송전탑 공사 현장에 올라가 공사 자재가 들어오는 것을 막는 것이 밀양 송전탑 반대 투쟁의 가장 기본적인 일이었습니다. 그러니 그 '현장'에 올라가야 했지요. 배정받은 송전탑 현장으로 가는 길은 참 험했습니다. 등산로도 없고 한국전력(아래부터 한전) 직원들과 경찰들이 길목을 막고 있어서 돌고 또 돌아서 올라야 했거든요. 배정받은 송전탑 공사 현장에 올라 숨을 고르며 돌아본 곳은 아득했습니다. 이 현장을 날마다 새벽 동트기 전에 올랐다가 점심이 되기 전에 되돌아 내려갔을 할매들을 떠올리니 그들에 대한 존경과 함께 한전에 대한 분노가 일었습니다. 단 하룻밤, 할매 할배들이 쉴 수 있는 날을 만들고 다시 서울로 돌아와야 했던 발걸음이 무겁기만 했습니다.

2005년 밀양 여수마을 주민들이 한전 앞에서 송전탑 반대 운동을 시작했습니다. 2000년 1월 정부가 신고리 핵발전소에서 만들어진 전기를 수도권으로 보내기 위해 밀양과 청도를 거치는 765킬로볼트의 초고압 송전선과 송전탑 건설 계획을 세웠기 때문입니다. '밀양 송전탑 사건'의 시작이었지요. 주민들은 송전탑이 주민 건강과 농림업을 비롯한 생활에 미치는 영향을 이야기하며 정부에 대책을 마련해 달라고 요구했지만 정부는 그 어떤 요구도 받아들이지 않았어요. 결국 2012년 이치우 할배가 분신자살하면서 갈등이 커졌고 공사가 멈췄다가 다시 이어지는 일이 되풀이되었지요. 이런 가운데 정부는 신고리3호기 핵발전소를 빠르게 건설해야 한다고 주장했습니다. 2014년 6월 행정대집행으로 경찰 2,000여 명이 들어와 농성장을 철거하면서 이 일은 마무리되었습니다. 그러나 정작 빨리 지어야 한다고 했던 신고리3호기는 2019년이 되어서야 준공되었습니다. 핵발전소 건설에 얽힌 여러 가지 비리와 부실 때문이었지요.

행정대집행이 있고 나서 십여 년이 지난 지금도, 밀양 송전탑이 지나가는 곳에 사는 주민들 가운데 100세대가 넘게 합의금 받는 것을 거부하며 밀양 송전탑 건설이 부당하다고 알리고 있습니다. 2023년 12월, 연세대에서는 '탈(핵)탈(송전탑) 낭독회'가 열렸습니다. 《전기, 밀양-서울》(김영희 글, 교육공동체벗)이라는 책과 함께한 낭독회에서는 밀양과 청도의 주민들, 연대자들이 이야기를 나누었습니다. 에너지 정의, 국가 폭력, 그리고 즐거운 연대라는 주제로 나눈 이야기는 참가자들에게 눈물과 웃음, 한숨과 박수를 끌어냈습니다.

밀양과 청도에서 송전탑 반대 운동을 했던 주민들에게 국가 폭력은 단순히 행정대집행이라는 눈에 보이는 폭력으로만 끝나지 않았습니다. 이웃이 자기 자녀에게 "저 사람은 송전탑 반대하니까 인사도 하지 말라"고 말하는 소리도 듣고, "송전탑 지으면 죽는다고 싸우더니 왜 아직 살아 있냐"는 조롱도 들었습니다. 여전히 송전탑에 반대했다는 까닭으로 이웃에게 따돌림을 당하고, 노인정에도 못 가고 있습니다. 상상이 가세요? 평생을 일군 삶의 터전에서 늘 함께했던 이웃들과 등 돌린 채 쓸쓸히 지내야 하는 현실이요. 이것이 '밀양 송전탑 사건'이 지금도 계속되는 까닭입니다.

앞에서도 잠깐 이야기했지만 밀양 송전탑은 울산시에 있는 신고리 핵발전소에서 만들어 낸 전기를 수도권으로 보내려고 지어졌습니다. 수도권에서 전기를 사용하려고 '시골'에 짓는 송전탑, 핵발전소 전기를 옮기려고 건설하는 초고압 송전선, 평생을 일궈 온 땅에 발전소와 초고압 송전 시설이 들어선다고 하면 환영할 사람이 얼마나 있을까요. 게다가 종일 논밭을 일구느라 전기라곤 거의 쓰지 않는 시골 어르신들에게 서울로 전기를 보내는 송전탑은 어떤 의미일까요.

가끔 송전탑 관련 뉴스에서 '제2의 밀양 사태'라는 표현을 봅니다. 부산, 울산, 강원도 강릉과 삼척 같은 곳에서 지어지는 거대한 핵발전소나 석탄화력발전소 때문에 갈등이 생기는 거죠. 멀리 떨어진 곳에서 만든 전기를 수도권에서 쓰려면 수백 킬로미터에 이르는 송전선이 필요하니까요. 수백 킬로미터의 송전선을 이으려고 마을마다 만든 송전탑 때문에 피해가 생겨나고요. 주민들은 생업을 포기하고 반대 운동에 앞장서 말합니다.

"우리 마을이 제2의 밀양이 되어서는 안 됩니다."

그만큼 밀양 송전탑 사건은 수많은 송전탑 문제를 대표하는 상징이 되었습니다. 지금도 강원도 홍천을 비롯해 횡성과 영월, 경북 봉화, 울진과 같은 곳에서 송전탑 건설로 문제가 이어지고 있어요. 울진의 신한울 핵발전소와 강릉과 삼척의 석탄화력발전소에서 만든 전기를 수도권으로 보내기 위한 송전선이 경기도 신가평까지 무려 230킬로미터에 이릅니다. 500킬로볼트의 초고압 송전선이지요. 맑은 날에도 '웅' 하는 소리가 나고, 비가 오면 불꽃이 튀기도 하고, 전자파로 건강에 나쁜 영향을 줄 송전탑을 환영할 사람은 별로 없겠지요.

정부는 송전선을 완성해 수도권 전력 문제를 풀 수 있다고 기대합니다. 몇몇 언론에서는 반대하는 주민들을 지역이

기주의로 몰아가며 그들 때문에 전력 공급에 문제가 생긴다고 비판합니다. 과연 이들 모두가 지역이기주의에 빠진 '나쁜' 사람들일까요? 내가 쓰는 전기가 어디서 오는지도 모른 채 편리함만 원하는 사람들이 이기적인 것은 아닐까요? 많은 양의 전기를 얻기 위해 먼 거리의 발전소만 바라보고 있는 기업이 더 이기적인 건 아닐까요? 밀양에 765킬로볼트의 초고압 송전선이 지나도 나 몰라라 하면서, 내 주머니 속 휴대전화가 내뿜는 전자파는 걱정하는 우리가 더 이기적이진 않을까요?

2023년 11월에 아랍에미리트 두바이에서 '제28차 유엔 기후변화협약 당사국총회COP28'가 열렸습니다. 이번 회의의 핵심 의제는 제출된 '국가 온실가스 감축목표NDC'를 세계적으로 얼마나 실천했는지 점검하고 그에 따른 손실과 피해 기금, 화석연료 퇴출 방안과 재생에너지 확대 방안을 살피는 것이었습니다.

하지만 우리 정부는 그 자리에서 핵발전 홍보에 열을 올렸습니다. 2050년까지 전 세계 핵발전소를 세 배로 늘리겠다는 서약을 받는 데 앞장섰지요. 윤석열 대통령이 한 달에 한 번꼴로 다른 나라에 순방을 갈 때마다 원전 협력을 내세웠던 것의 연장선이지요. 유럽연합EU과 미국이 재생에너지를 세 배로 늘리고 에너지효율을 두 배로 올리자는 서약을 받는 데 앞장서며 120개 나라가 이에 참여하고 있는 것과는 사뭇 다른 모습입니다. 물론 한국 정부도 재생에너지 서약에 동참했다고 합니다. 하지만 그 약속을 지킬 거라고 생각하는 사람들은 별로 없습니다. 2024년에만 해도 핵발전 예산은 네 배 가까이 늘었지만, 재생에너지 예산은 반토막이 났으니까요. 기후위기에 대응하고자 재생에너지를 늘리는 세계의 흐름과 다르게 한국은 재생에너지 확대 목표를 줄여 버린 거의 유일한 나라입니다.

지금 우리나라는 핵발전소를 스물여섯 개 운영하고 있습니다. 이를 세 배로 늘린다니 단순하게 계산하면 쉰 개를 더 짓는다는 말입니다. 상상이 되나요? 핵발전 밀집도가 가장 높은 한국에 핵발전소가 쉰 개나 더 지어지는 모습 말입니다. 그리고 수많은 핵발전소의 전기를 옮기기 위해 지어질 송전탑들도 말이죠.

핵발전소를 늘리면 생기는 문제는 크게 세 가지로 볼 수 있어요. 첫째, 핵발전이 가져오는 위험이 우리 사회에 널리 퍼져 나가게 됩니다. 또한 발전소와 송전탑 건설 때문에 수많은 지역 공동체가 무너지겠지요. 정부 정책에 반대하기 어려운 지역은 수도권과 산업 전기를 위한 에너지 식민지가 될 것입니다.

둘째, 재생에너지에 투자해야 할 자원이 핵발전에 쓰이면서 재생에너지로 전환이 어려워진다는 것입니다. 우리는 지구 평균기온 상승 폭을 1.5도 이내로 낮추는 가장 빠르고 효과적인 방법이 재생에너지로 바꾸는 것임을 알고 있습니다. 재생에너지를 통해 앞으로는 지역별 분산 에너지로 가야 합니다. 재생에너지가 활성화되면 커다란 발전소에서 수도권으로 보내는 초고압 송전선 때문에 벌어지는 갈등은 줄어들 것입니다. 하지만 여전히 핵발전이라는 발전소만 바라본다면 이 같은 일은 멀어지겠지요.

마지막으로 가장 중요한 문제는 핵발전에 기대게 되면서 지금 당장 필요한 기후대응을 하지 않게 된다는 점입니다. 핵발전소를 짓는 데 짧게는 십 년이 걸립니다. 인허가 절차까지 거친다면 그보다 더 오래 걸리겠죠. 송전선에서 비롯되는 갈등을 풀려면 더 많은 노력이 필요하고요. 이것이 2030년까지 탄소배출을 절반으로 줄이자는 숙제를 하는 데 핵발전이 이바지할 수 없는 까닭입니다.

지금 이 시간에도 부산과 울산, 경주, 영광, 울진, 그리고 강원도 주민들이 핵발전과 송전탑으로부터 삶을 지키고자 애쓰고 있습니다. 싸움은 늘 고되고 힘듭니다. 생존을 위해 지금 삶의 한 부분을 포기해야 하기 때문이죠. 그래도 지난 '탈탈 낭독회'에 참석한 밀양 주민들은 미래를 위해, 옳음을 위해 싸우는 것이 힘들지만은 않다고 말합니다. 그 행동이 옳다는 것을 잘 알고, 또 이를 응원하며 찾아오는 수많은 연대자가 있어서예요. 서울에서 아무렇지 않게 충전하고 사용하던 휴대전화를 보며 미안한 마음을 가지는 연대자, 농성장에서 밥이라도 따뜻하게 드시라며 도시락을 나르던 연대자, 경찰에 연행된 이를 대신해 천막을 지키던 연대자, 밀린 농사를 돕겠다며 일 바지를 챙겨 오는 연대자, 그들이 희망이었다고 말합니다. 그래서 힘든 농성이 즐거웠고, 집으로 돌아가는 길이 행복했다고 말합니다. 처절한 현장이 즐거운 농성장으로 기억될 수 있는 까닭이라고 말합니다.

　이번 가을에도 우리 사무실에는 어김없이 밀양에서 보내온 달콤한 반시가 도착했습니다. 밀양 할배 할매들이 고맙다며 보내 주시는 감이지만, 받는 사람이 더 고맙고 숙연해집니다. 바쁜 일상에 지쳐 잊고 있던 밀양에서의 기억이 떠오르면서 다시 그때의 고마움을 느끼지요. 밀양은 아픈 투쟁이자 현재진행형이지만, 저 같은 이에게는 연대의 끈끈함과 너른 따뜻함, 정의로운 싸움의 끈질김을 배우는 현장입니다.

앞으로 밀양 주민들에게, 또 제2의 밀양 주민들에게 수많은 연대가 필요할지도 모릅니다. 밀양의 사정을 들은 누군가는 저처럼 엄마와 떨어지기 싫은 아이를 떼어 놓고 현장으로 달려가고픈 분노가 생길지도 모릅니다. 우리가 핵에너지를 사용하고 대규모 석탄발전을 놓지 못하는 한 이러한 일들은 자꾸 벌어질 것입니다. 기후위기로부터 지키고자 하는 생명과 안전, 그것은 커다란 이야기가 아닙니다. 가끔은 기후재난처럼 눈에 띄지 않는 위험이, 국가 폭력이 있다는 사실을 기억하면 좋겠습니다. 우리가 내민 연대의 손은 밀양의 반시처럼 다시 내게 돌아올 것입니다.

우리에게는
피폭당하지 않을 권리가 있다

"사다 놓은 소금이 다 떨어져 가요. 이젠 뭐, 안전하지 않다고 해도 그냥 사야죠, 뭐."

얼마 전에 만난 분이 하소연하듯 말했습니다. 2011년 후쿠시마 핵사고가 난 뒤 해산물의 안전이 염려되어 소금을 아주 많이 사 두었다고 하면서요. 그런데 십 년쯤 지난 2021년부터 이런 일이 다시 벌어지고 있습니다. '천일염 사재기 현상이 벌어지면서 소금 가격이 30퍼센트 폭등했다'는 기사가 나오기도 했지요. 2021년 일본 정부가 후쿠시마 핵발전소 오염수 해양 방류를 하겠다고 결정하면서 생긴 현상입니다. 사재기라는 부정적인 단어가 붙기는 했지만, 먹을거리를 걱정하는 그 마음은 충분히 이해가 됩니다.

2023년 5월 7일, 당시 일본의 기시다岸田文雄 총리가 한국에 와 윤석열 대통령과 만났습니다. 만나서 어떤 이야기를 할지 주목받았는데요. 그 가운데 하나가 후쿠시마 오염수 해양 방류에 대한 내용이었습니다. 이미 여러 해 전부터 후쿠시마 오염수 해양 방류를 반대했던 시민사회는 물론이고 바다를 삶의 터전으로 삼고 있는 어민들은 그 결과에 관심을 보였지요. '한국에서 후쿠시마 원전 오염수 해양 방류 관련 시찰단을 파견한다'가 양국 정상회담의 결과였습니다.

시민사회와 어민들은 어떤 반응이었을까요? 시찰단이 오히려 후쿠시마 원전 오염수의 해양 방류가 안전하다는 명분만 세워 주는 게 아니냐는 우려가 컸습니다. 아니나 다를까, 일본 정부는 한국 시찰단이 '안전성 평가'를 하는 게 아니라고 선을 그었습니다. 오염수를 방류하는 시설을 시찰하고 오염수 방류의 안전성에 대한 이해를 높이기 위한 것일 뿐이라고요. 이에 대해 중국은 "만약 일본이 진정으로 이해 당사자의 우려를 해결할 성의가 있다면 응당 결론을 개방한 전제 하에서 교류를 진행하고, 오염수 해양 방류 계획 추진 강행을 중단해야 한다"고 비판했습니다.

이보다 사흘 앞선 5월 4일, 국제원자력기구 IAEA는 일본의 후쿠시마 원전 사고 오염수 해양 방류 계획에 대해서 일본 원자력규제위원회NRA의 관리 감독에 문제가 없다는 보고서를 발표했습니다. 일본 NRA는 후쿠시마 오염수 가운데 모니터링 대상으로 선정한 방사성 핵종들이 방사선학적으로 중요한 핵종들이며, 인체에 영향을 줄 수 있는 핵종이 배제되지 않았다고 보고했습니다.

    4월 16일에는 조금 이례적인 일도 있었지요. 세계 주요 7개국G7 기후에너지환경장관회의 폐막 기자회견에서 일본의 경제산업상이 오염수 해양 방류 계획이 환영받았다는 취지로 이야기했다가 독일 측이 오염수 방류를 환영할 수 없다며 곧장 공개적으로 반박했던 것입니다. 독일은 기자회견이 있었던 당일, 핵발전의 위험 때문에 자국의 핵발전소를 완전히 멈추면서 탈핵을 선언했는데, 그러한 독일이 오염수 방류를 환영할 리 없었겠지요.

    도대체 후쿠시마 오염수가 뭐길래 이렇게 세계 각국의 관심을 받는 것일까요? 후쿠시마 오염수 이야기는 2011년 일본 후쿠시마 핵발전소 사고로 거슬러 올라갑니다. 일본 역사상 가장 강력한 규모의 대지진이 일본 동부 해안을 강타하면서 1만 8,000명이 넘는 사람들이 사망하고 마을 하나가 지도에서 사라졌습니다. 한때 극장가를 휩쓴 영화 〈스즈메의 문단속〉(2023)에서도 2011년 일본 대지진의 아픔이 그려져 있습니다. 이때 후쿠시마 핵발전소가 폭발하면서 방사능이 아주 많이 누출되고 15만 명 넘게 대피했습니다. 십여 년이 지난 지금도 피난을 간 주민들 거의가 고향으로 돌아오지 못했습니다.

후쿠시마 핵사고는 거기서 끝나지 않았습니다. 핵발전소가 폭발하면서 고방사성 물질인 핵연료는 그대로 노출되었고, 방사능이 너무 높다는 까닭으로 방치되었습니다. 이 핵연료는 끊임없이 많은 열을 발생시키는데 그 열을 식히기 위해 바닷물을 계속 넣어 주어야 합니다. 여기에 더해 외부에서 지하수까지 흘러들어와 하루 최대 180톤가량의 방사성 오염수가 생겨나고, 오염수의 양은 지금까지 약 130만 톤에 이릅니다. 당연히 이 물에는 삼중수소, 세슘-134, 세슘-137, 스트론튬 따위의 여러 방사성 물질이 포함되어 있습니다.

일본 정부는 2021년 4월 각료회의에서 방사성 오염수를 바다에 버리겠다고 의결하고 2022년 7월 일본 NRA의 인가를 받았습니다. 이 계획에 따라 일본은 2023년 8월 오염수 해양 투기를 시작했습니다. 일본 정부는 하루 약 460톤씩, 30년 동안 바다에 흘려보내겠다고 계획했습니다. 하지만, 핵발전소 안에 있는 녹아 버린 핵연료를 처분하지 않는 한 오염수는 끊임없이 발생하기 때문에 그 끝이 언제가 될지 알 수 없습니다. 지금도 오염수는 계속 발생하고 있으니까요.

일본 정부는 오염된 물을 다핵종제거장치ALPS를 통해 걸러 내고 물로 희석하여 바다로 흘려보내는 것이라서 문제가 없다고 말합니다. 오염수 방출 기준보다 낮기 때문에 아무런 문제가 없다는 입장이지요. 하지만 삼중수소와 같은 방사능 물질은 ALPS에서도 걸러지지 않는다는 것을 일본 정부도 인정했습니다. 삼중수소는 바다를 떠돌다가 인체에 축적되면 핵종 전환을 일으켜 세포를 파괴하고 각종 암을 유발하거나 생식 기능을 저하합니다. 이보다 더 위험한 탄소-14, 스트론튬 90, 세슘, 플루토늄, 아이오딘과 같은 방사성 핵종도 바다에 수만 년 동안 축적되어 해양생태계와 먹을거리, 인간한테까지 심각한 방사능 피해를 줄 수 있지요. 실제로 도쿄전력東京電力은 ALPS가 이런 핵종을 다 거를 수 없을 거라고 인정했습니다.

바다는 한순간도 멈추지 않습니다. 오염수는 바다를 흘러 흘러 미국 알래스카와 하와이를 지나고 적도와 필리핀을 지나 우리나라 둘레 해역에 도착할 것으로 분석됩니다. 국립대만 해양대학교NTOU나 독일의 헬름홀츠 해양연구소GEOMAR에서 방사성 물질의 이동 경로를 예측하고 시뮬레이션을 진행했습니다. 이들이 예측한 결과는 조금씩 다르지만, 결국 오염수가 해류를 타고 바다 전체를 돈다는 결과는 같았습니다. 세계보건기구WHO의 해양과학자인 켄 뷔슬러Ken O. Buessler는 ALPS를 거친다고 하더라도 삼중수소 말고 방사성 핵종도 해저에 쌓일 수 있다고 경고했습니다. 결국 바다로 흘러간 오염수는 바닷물과 함께 전 세계를 오염시키는 것이지요. 이 과정에서 오염수 속 방사능이 해양생태계와 우리 수산물에 어떤 영향을 미칠지 모릅니다.

일본은 안전 검증에 신뢰도를 높이겠다며 IAEA에 검증을 의뢰했습니다. 국제기구라 신뢰할 수 있다는 것 때문이지요. 그런데 IAEA의 검증도 무작정 신뢰하기는 어렵습니다. IAEA는 '핵발전을 추진'하는 국제기구이기 때문입니다. 안전을 규제하는 기관이 아니기 때문에 핵산업에 비판적인 이야기를 하지 않습니다.

오염수 방류 문제를 놓고 미국은 사실상 일본의 결정에 찬성했습니다. 지난 2021년 한국에 방문한 존 케리John F. Kerry 기후특사는 "미국은 일본 정부가 IAEA와 완전한 협의를 했으며 IAEA가 매우 엄격한 (오염수 처리 및 방류) 절차를 마련했을 것이라 확신한다"고 밝혔습니다. 서울대학교 원자핵공학과

서균렬 명예교수는 언론과 한 인터뷰에서 미국이 일본의 오염수 방류를 묵인하는 것은 과거 핵폭탄을 터뜨리고 핵실험을 했던 원죄가 있기 때문이라고 말했습니다. 미국과 일본에서 IAEA 운영 분담금의 30퍼센트 이상을 대고 있으니 강자의 논리를 따를 수밖에 없는 한계도 지적했지요.

이렇게 오염수 방류에 찬성하는 미국도 사실은 후쿠시마를 비롯한 일본의 열네 군데에서 나오는 농수산물 백여 종을 수입하지 말라고 금지하고 있습니다. 방사능 오염이 있을 수 있다고 판단하기 때문입니다. 이와 다르게 중국과 러시아, 대만 같은 여러 나라는 오염수 방류에 반대 입장을 명확히 밝혔습니다 이러한 나라들의 입장과 별개로 일본 어민들과 시민단체, 그리고 학계에서는 강력하게 반대하고 있지요.

우리나라 어민과 농민, 그리고 시민사회 역시 후쿠시마 오염수를 바다에 버리는 것은 막아야 한다는 입장을 내고 정부의 결단을 촉구했습니다. 한국의 시민사회 단체는 2023년 한일 정상회담에 앞서 발표한 성명에서 '일본의 오염수 해양 방류는 사실상 우리 모두의 바다를 더럽히는 핵 테러'라고 규정하며 한국 정부는 일본의 후쿠시마 오염수 방류에 반대하고 일본 정부가 다른 저장 방법을 택할 것을 요구하고 촉구했습니다. 한국의 시찰단 파견은 오히려 오염수 방류를 정당화하는 명분만 줄 수 있다는 우려를 말하기도 했지요.

오염수를 바다에 방류하는 것 말고는 방법이 없을까요? 일본의 민간 싱크탱크인 '원자력시민위원회'와 시민사회는 오염수 방류가 아닌 다른 방법을 제안합니다. '대형탱크 저장'과 '모르타르 고체화 처분'입니다. 이 밖에도 '지층 주입'이나 '지하 매설' 같은 다른 방법도 여럿 제안했습니다. 다른 곳에서는 삼중수소의 반감기가 약 12년이니 보관 기간을 연장하여 위험을 늦춘 뒤 방류하는 방법도 제시했습니다. 하지만 일본 정부는 경제적인 까닭을 들어 결국 값싸고 쉬운 방법인 해양 방류를 결정했습니다.

방사능은 눈으로 볼 수도 없고 냄새를 맡거나 피부로 느낄 수도 없습니다. 우리가 알지 못한 상태로 공기나 음식 들을 통해 방사능이 몸 안에 쌓이고는 하지만, 그 위험은 이루 말할 수가 없습니다. 핵발전소 가까이 산다는 까닭 하나만으로 암에 걸리고 몸 안에서 삼중수소가 검출되는 일을 겪으며 사는 사람들은 그 위험을 몸으로 증명합니다. 그런데도 이런 방사능이 기준치 이하라며 아무런 문제가 없는 것처럼 여길 수는 없겠지요. 바다로 흘러가는 오염수도 마찬가지입니다.

우리에겐 누구나 '피폭당하지 않을 권리'가 있습니다. 기준치 이하라서 괜찮은 것이 아니라, 기준치 이하라도 강제로 피폭을 당하지 않을 권리 말입니다. 의학적으로 가장 안전한 방사능 기준치는 '0'입니다. 우리가 병원에서 엑스레이x-ray를 찍을 때도 할 수 있는 한 다른 곳은 노출되지 않도록 가리는 것도 바로 그 때문입니다. 기준치라는 것은 상황에 따라 높아지기도 합니다. 일본이 후쿠시마 핵사고 뒤 한 해 동안 방사능 노출 안전 기준치를 스무 배나 높인 것을 대표 사례로 꼽을 수 있지요.

일본의 오염수 방류는 어떤가요. 2011년 후쿠시마 핵사고는 당시 폭발로 인한 방사능 누출 말고도 또다시 바다를 방사능으로 오염시키려 하고 있습니다. 다른 방법이 충분히 있는데도 말이지요. 이러니 이것은 단순한 '방류'가 아니라 방사능 물질을 바다에 '투기'한다고 부를 만합니다. 켄 뷔슬러는 "일본의 선례로 다른 국가들도 정상적인 동작의 결과가 아닌 방사성 폐기물을 해양에 방출하고자 하는 유혹에 넘어갈 수 있다"고 지적했습니다.

핵산업은 언제든 우리의 '피폭당하지 않을 권리'를 '기준치'라는 이름으로 피해 가려 합니다. '희석'이라는 이름으로 우리 모두의 바다를 오염시키려 합니다. 기준치나 희석과 같은 껍데기가 아닌 우리의 권리와 생명을 직시하는 것, 그리고 그것을 지킬 행동에 나서는 것, 모두가 함께할 일이지 않을까요.

흰발농게와
비행기

정오가 가까워진 시각, 햇볕을 잔뜩 받은 갯벌이 뜨거운 숨을 뿜어내고 있었습니다. 커다란 우산을 받쳐 들고 한 걸음 한 걸음 마른땅으로 들어갔습니다. 장화를 준비한 게 무색할 만큼 마른땅인데도 왜 갯벌이라 부르는지 궁금했습니다. 함께 간 아이도 고라니 발자국과 똥을 보고는 갯벌에 왜 고라니가 있냐고 물었습니다. 한참을 걷다 보니 물새 발자국이, 게들이 드나든 구멍이, 퉁퉁마디 같은 염생식물이 보이기 시작했습니다. 이 메마른 땅에서 어찌 살았나 싶어 기특하고 고마웠습니다.

우리가 다녀온 수라 갯벌은 아침저녁으로 바닷물이 드나드는 갯벌입니다. 새만금 방조제로 물이 막힌 지 십 년이 넘었지만, 이 소중한 땅을 지키며 생명을 움트는 수많은 존재가 있었습니다. 그런데 정말 놀라운 일은 그나마 숨통이 트여 있는 이 땅에, 그 넓은 새만금 갯벌 가운데 유일하게 물이 드나드는 이 땅에, 국제공항을 짓겠다는 것입니다. 수라 갯벌은 2022년 6월 새만금 국제공항 개발사업 예정 부지가 되었습니다. 총 8,077억 원을 들인 대규모 공사로 2028년까지 건설, 2029년에 문을 열 계획을 세웠지요. 우리가 뙤약볕에 갯벌에 든 까닭도 공항이 지어진다는 수라 갯벌에 사는 생명을 만나기 위해서였습니다.

"흰발농게, 이주 가요. 선유도 갯벌로!"

게가 이주한다는 이야기 들어보셨나요? 동물들은 환경에 따라 또는 계절에 따라 서식지를 이동하긴 합니다. 철새들처럼 말이죠. 하지만, '이동'이 아니라 '이주'라니 참 낯선 표현입니다. 그것도 흰발농게 스스로 이주하는 것이 아니라 사람들이 옮기는 강제이주였지요. 강제이주를 하는 까닭은 흰발농게가 사는 갯벌을 메워 인간들의 땅으로 만들 계획을 세웠기 때문입니다.

2020년 새만금개발청은 흰발농게의 사진을 이용해 흰발농게의 강제이주를 이렇게 홍보했습니다.

"최근 우리가 살 곳이 점차 줄어들어서 너무 고민이 많아. 그러던 중 선유도의 모래사장이 좋은 곳이란 걸 알게 되었지. 흰발농게 4만 마리가 모두 이주하려면 사람들 도움이 필요하고, 2주쯤 걸릴 것 같아."

흰발농게는 수컷의 집게발 한쪽이 매우 크고 흰색이어서 붙은 이름이라고 해요. '주먹대장'이라는 애칭도 가진 멸종위기 야생동물 2급 보호종입니다. 개발 때문에 멸종위기에 처한 흰발농게는 새로운 개발로 이주'당하는' 신세가 된 것이지요.

이 흰발농게가 얼마 전 새만금 신공항 예정지에서 발견되었습니다. 새만금시민생태조사단이 수라 갯벌 생태조사를 하면서 환경영향평가에서 빠진 '흰발농게'와 '금개구리' 같은 멸종위기종을 발견한 것입니다. 십 년 전 방조제로 막힌 새만금은 죽음의 땅이 되었고, 환경부는 이를 해결할 수 있는 유일한 방법은 방조제를 열어 바닷물을 들이는 것뿐이라는 의견을 냈습니다. 2020년부터 하루 두 번 조금씩 바닷물이 흘러들어왔습니다. 그 결과 갯벌의 면적이 조금씩 늘고 생물들이 돌아왔습니다. 물이 들어오지 않는 메마른 갯벌의 깊은 곳에서 십 년 넘게 긴 시간을 버틴 흰발농게도 다시 모습을 보인 것입니다. 수라 갯벌에는 흰발농게뿐 아니라 멸종위기 야생동물 1급인 '흰꼬리수리' '물수리' '저어새' 같은 동물과 '갯 개미취' '퉁퉁마디' '해홍나물'처럼 수많은 염생식물이 삽니다.

새만금은 많은 아픔을 안고 있는 땅입니다. 1991년, 거대한 생명의 땅 갯벌을 세계에서 가장 긴 33.9킬로미터의 방조제로 막아 토지로 만드는 국책 사업이 시작됩니다. 군산과 부안을 잇는 이 방조제는 갯벌에 기대어 사는 생명에게는 생명줄을 끊어 내는 작업이었습니다. 생명의 보고이자 철새들의 쉼터, 지구의 허파로 국제적으로도 그 가치를 인정받은 새만금 갯벌에 찾아온 개발 광풍이었습니다.

2003년 문정현 신부를 비롯한 성직자들이 새만금 갯벌을 살리기 위해 전북 부안에서 서울까지 300킬로미터를 삼보일배하며 걸었습니다. 갯벌을 지키고자 하는 수많은 지역주민과 시민사회가 일어나 갯벌을 지키는 장승과 솟대를 세웠습니다.

하지만 결국 개발주의는 갯벌 생명을 밀어냈습니다. 방조제가 완성되자 갇힌 바닷물은 썩고 갯벌 생명은 죽어 갔습니다. 그곳에 살던 사람들은 마을을 잃었고, 물 막힌 갯벌에서 작업을 이어 가다 생명을 잃기도 했습니다. 구체적인 사용 계획도 없이 '개발'이라는 목적 하나로 시작한 사업은 22조원이 넘는 혈세를 토목건설에 쏟아붓는 결과를 낳았습니다.

그런데 새만금 갯벌에 공항 건설이라니요? 더더욱 안 될 말입니다. 공항은 갯벌과 생태계를 파괴하면서 탄소를 배출하고, 비행기 또한 거대한 탄소배출원입니다. 탄소배출량을 줄이는 일이 가장 중요한 과제인 기후위기 시대에 탄소배출을 늘리는 토목공사는 거꾸로 가는 정책이지요.

우리나라에 공항이 몇 개나 있는지 알고 계시나요? 인천과 제주 같은 국제공항 여덟 곳, 군산과 원주 같은 국내공항이 일곱 곳으로 모두 열다섯 곳에 공항이 있습니다. 이런 곳에 공항이 있었나 싶을 정도로 공항이 많지요. 우리가 있는 지도 모르는 공항은 그만큼 이용객이 적다는 것을 뜻합니다. 그러다 보니 지난 다섯 해 동안 평균 활주로 이용률은 4.5퍼센트에 불과했으며 김포, 김해, 제주, 대구 공항을 제외한 지방공항의 누적 손실은 4,823억 원에 이릅니다. 이런 상황에도 우리나라는 새로운 공항 건설에 열을 올리고 있습니다. 그 가운데 하나가 여기 새만금 국제공항 계획이고, 부산 가덕도, 제주, 울릉도, 흑산도, 경기 화성……, 무려 열 군데가 신공항 건설 계획으로 떠들썩합니다. 이 공항을 누가 이용할까요? 이 공항이 정말 우리 삶을 윤택하게 할까요?

정부는 새만금 신공항 건설에 8,300억 원, 가덕도 신공항 건설에 13조 7,000억 원의 예산을 들인다고 합니다. 기후재난이 더 거세게, 더 빈번하게 일어나는 요즘 그 예산은 온실가스를 줄이는 기후대응과 기후재난에 취약한 계층에게 써야 할 예산이지, 기후위기를 가속하는 데에 쓸 예산이 아닙니다.

영국은 히스로 공항 Heathrow Airport 활주로를 확장할 계획을 세웠지만 영국 법원이 제동을 걸었습니다. 파리기후협정 위반이기 때문이지요. 2021년 프랑스는 파리를 기준으로 했을 때 기차로 두 시간 삼십 분 이내로 갈 수 있는 곳은 비행기 노선을 없애기로 했습니다. 탄소배출을 줄이기 위한 노력 가운데 하나로 기후 법안에 포함되었지요. 항공산업이 이산화탄소 배출의 큰 원인이기 때문입니다. 비행기를 타는 일은 부끄러운 일이라는 뜻의 '플라잉 셰임 Flying Shame'이라는 신조어가 나올 정도지요. 스웨덴 기업들을 대상으로 한 설문조사 결과에서도 응답한 기업의 약 50퍼센트는 수년 안에 비행기를 타고 떠나는 여행이 줄어들 것으로 예측했으며, 반대로 늘어날 것이라고 응답한 곳은 단 한 곳도 없었습니다. 그에 맞춰 스웨덴 정부는 기차 이용을 장려하기 위해 국유철도에 정부 자금을 보태고 있습니다.

갯벌은 아무것도 살지 않는 땅처럼 보이지만, 수많은 작은 구멍 속에는 많은 생명이 깃들어 있습니다. 작은 생명을 먹이로 삼는 새나 물고기들도 갯벌을 쉼터나 터전으로 삼아 살아갑니다. 사람도 마찬가지입니다. 게다가 갯벌은 바다로 흘러오는 오염물질을 정화하는 역할도 합니다. 전국의 하수 처리장을 모두 합친 것보다 더 많은 기능을 하지요. 이뿐인가요. 지구에서 만들어지는 산소의 70퍼센트가 넘게 갯벌 흙 속에 사는 식물 플랑크톤에서 만들어집니다. 갯벌에 사는 규조류가 광합성을 하면서 이산화탄소를 탄소와 산소로 분해하고, 산소는 대기 중으로 보내고 탄소는 자기 몸속에 저장하는 것이지요. 이를 '블루카본Blue Carbone'이라고 하는데요, 요새 기후위기가 심각해지면서 이 블루카본을 형성하는 기능이 매우 중요한 가치로 떠오르고 있습니다. 갯벌이 지구의 허파라고 불릴 만하지요.

　　이 가치를 잘 아는 정부도 갯벌 복원사업에 뛰어들었습니다. 당연히 필요한 일입니다. 그런데 뭔가 이상하지 않나요? 한쪽에서는 세계에서 가장 긴 방조제로 갯벌을 파괴한 것도 모자라 이제 남은 갯벌마저 공항 활주로에 내어 주겠다고 하고, 다른 한쪽에서는 갯벌 복원을 한다고 합니다. 복원이 필요한 걸 잘 안다면 그보다 먼저 파괴하는 것을 멈추는 게 수순이지요. 돈 들여 파괴하고, 다시 돈 들여 복원하고. 도

대체 무엇을 위한 '삽질'인지 궁금합니다.

정부의 생태계 파괴는 비단 새만금 갯벌만의 일이 아닙니다. 2023년 2월 환경부는 설악산 케이블카 공사를 조건부 동의했습니다. 마흔 해 전부터 추진된 국립공원 개발사업에 2019년 원주지방환경청이 '환경적 측면에서 바람직하지 않다'며 동의하지 않는다는 의견을 냈습니다. 하지만 이번 환경부가 '환경영향을 줄이는 조건'을 달고 동의하면서 결국 국립공원도 '개발'의 대상이 되는 결과를 가져왔습니다. 그동안 '산양'을 비롯한 '하늘다람쥐' '무산쇠족제비' 같은 멸종위기종의 서식지였던 설악산에 케이블카가 들어서면 어떤 변화가 닥칠지 모릅니다. 보호해야 할 산마다 케이블카를 놓겠다고 대기하던 개발사업자들에게 설악산 케이블카 허가는 화려한 신호탄이 될 것입니다.

모든 개발은 지구 생태계를 착취하는 것에서 시작합니다. 원형 그대로 보존하는 것은 낙후된 사회라는 편견이 개발을 지배합니다. 인간이 지구 생태계에 손을 대고 인공물을 만들어야만 가치 있는 것이라 보는 시각입니다. 그러다 보니 2020년에 이미 지구에는 인간이 만든 인공물의 무게가 지구 생명체 무게보다 많아졌습니다. 플라스틱 물병, 벽돌, 콘크리트 같은 것들이요.

이스라엘 와이즈만 과학 연구소Weizmann Institute of Science는 20세기가 시작될 때 인공물의 무게는 동식물을 포함한 유기체 무게의 3퍼센트에 그쳤지만 스무 해가 지나는 동안 두 배로 늘어났고, 반대로 삼림 파괴 같은 피해로 인해 생명체의 무게가 크게 줄었다고 밝혔습니다. 연구소는 2018년 발표한 논문에서 지구상 모든 생명체의 0.01퍼센트밖에 안 되는 인간이 모든 야생 포유동물의 83퍼센트와 식물의 절반을 파괴했다고 분석했습니다. 심지어 인간이 유일하게 개체 보전을 지켜 준 생명체는 가축뿐이라는 내용도 밝혔습니다. 이 모든 일은 인간이 문명을 발달시키고 개발과 성장에 중독되어 지구를 착취해도 괜찮은 존재로 인식하면서 벌어진 일입니다.

'두 번째 지구는 없다.'

많이 쓰이는 말입니다. 인간의 생태계 파괴로 지구가 몸살을 앓을 때부터 듣던 표현이지요. 이제 지구는 인간이 일으킨 기후위기 때문에 더 큰 몸살을 겪고 있습니다. UN 사무총장이 이 지구를 '똑딱거리는 시한폭탄'에 비유한 것도 과장된 표현이 아닙니다. 개발해야만 잘사는 시대는 지났습니다. 생태계를 파괴하는 개발산업에 공을 들이는 것이 아니라 오히려 복원하고 복구하는 데 힘을 실어야 합니다. 겨우 회복의 길을 걷고 있는 새만금 갯벌을 두 번 죽이는 공항, 국립공원을 개발에 내어 준 흑산도 공항, 산을 모조리 사라지게 만드는 가덕도 공항, 산양의 목소리는 듣지 않은 설악산 케이블카, 우리가 지켜야 할 것이 무엇인지 다시 생각해 보아야 합니다.

다달이 한 번씩 수라 갯벌에 드는 행사가 열립니다. 생명들의 작은 이야기를 들을 수 있는 시간입니다. 수라 갯벌을 걷다 보면 살아 있는 땅이 얼마나 소중한지 알 수 있습니다. 공항의 아스팔트가 아닌 몽글몽글 거품이 올라오는 구멍이 있는 진흙이 더 아름답다는 것을 알 수 있습니다. 왜 공항이 아닌 갯벌로 지켜야 하는지, 왜 흰발농게의 집을 비행기에 내어 주면 안 되는지, 그 까닭이 보일 것입니다. 사계절 다른 모습으로 생명을 품는, 아름다운 수라에 함께 들지 않으실래요? 저도 아이 손잡고 한 번 더 수라의 흰발농게를 만나러 가야겠습니다.

오펜하이머, 과학
그리고 기후위기

"우리 이 영화 함께 보면 어때요? 토론도 하고요."

"영화가 흥행하면 사람들이 오염수 문제에 좀 더 관심을 가질까요?"

둘레에서 사람들이 이렇게 묻습니다. 줄거리는 대강 알고 있었지만 영화를 못 보았으니 대답할 수가 있나요. 그래서 부리나케 영화를 보러 갔습니다. 무려 세 시간짜리 영화 〈오펜하이머〉(2023), 요즘 뭐가 그리 바쁜지 영화관에 세 시간 동안 앉아 있겠다고 결심하기가 쉽지 않았습니다. 하지만 결국 자막 올라가는 것까지 잘 보고 나왔습니다. 분장과 연기를 얼마나 잘했는지, 좋아하던 배우도 못 알아볼 정도로 영화 속 이야기에 푹 빠졌지요.

다들 아시다시피 영화 〈오펜하이머〉는 핵무기 개발을 위한 '맨해튼 계획 Manhattan Project'을 책임졌던 천재 과학자 로버트 오펜하이머 J. Robert Oppenheimer의 이야기를 담았습니다. 영화는 핵무기 개발 자체에 무게를 두기보다 그때 과학자의 고뇌와 시련을 조망합니다. '나치보다 앞서서 핵무기를 개발해야 한다'는 소명을 갖고 개발에 몰두, 프로젝트를 성공으로 이끌지만, 오펜하이머는 결국 자신이 인류를 파멸시킬 수 있는 무기를 만들었다는 사실에 고뇌합니다. 처음에 오펜하이머는 핵무기 개발과 사용은 다른 문제라고 생각합니다. 동료 과학자 닐스 보어 Niels Bohr가 '인류는 핵무기를 감당할 준비가 되지 않았고, 오펜하이머는 아메리칸 프로메테우스가 될 것'이라며 개발을 반대했는데도 말이지요. 오펜하이머는 자기가 개발한 핵무기가 어떻게 사용되었는지, 또 얼마나 큰 피해를 낳았는지 확인하고 나서야 핵무기 반대에 나섭니다.

영화에서 기억에 남는 한 장면을 꼽으라면 저는 오펜하이머와 당시 미국 대통령 트루먼 Harry S. Truman이 독대하는 장면을 들겠습니다. "제 손에 피가 묻은 것 같습니다"라는 오펜하이머의 말에 트루먼은 분노하고 비웃으며 그가 징징댄다고 욕합니다. 사람들은 누가 무기를 개발했는지보다 누가 무기 사용을 결정했는지에 더 큰 관심을 가진다면서요.

이 장면이 유난히 인상 깊었던 까닭은 '과학'과 '정치'가 만났을 때 어떤 일이 벌어지는지 지금 우리가 확인하고 있기 때문입니다. 후쿠시마 방사능 오염수와 관련된 일들을 보세요. 정부는 '과학'의 언어를 빌어 오염수를 정화 장치로 잘 걸러 내고 있고, 방사능은 기준치 이하여서 안전하다고 말합니다. 검증 안 된 방류는 반대한다며 입장을 냈지만 사실상 '과학'적인 방류에 찬성했습니다. 하지만 '인도주의실천의사협의회'나 '반핵의사회', 그리고 물리학 교수처럼 수많은 '과학자'들이 방사능 오염수가 바다로 흘러가면 해양생태계에 영향을 미칠 것이고, 기준치 이하여도 생물의 농축과 축적이 일어나 농도가 높아질 수 있다고 경고했습니다. 그렇다면 우리는 어떤 '과학'을 믿어야 할까요.

사실 과학기술은 인류의 역사와 맥을 같이 합니다. 과학기술은 인류 문명에 크게 기여하기도 했고, 한편으로는 부정적인 영향을 미치기도 했습니다. 생명공학으로 식량 생산이 늘어났고, 의학의 발달로 질병을 치료할 가능성이 커지면서 인류의 수명은 크게 연장되었습니다. 또한 통신기술의 발달로 우리는 전 세계 누구와도 연락할 수 있으며, 교통수단의 개발로 지구촌이 하나의 공동체로 묶였습니다. 하지만 반대로, 비료와 살충제 사용으로 토양이 오염되고, 화학물질 사용이 늘어 생태계가 교란되기도 합니다. 더 많은 광물과 자원을 채굴하려는 움직임도 일어났지요. 그뿐인가요. 핵무기, 화학무기의 개발로 대량살상이 가능한 시대가 열렸고요. 인공지능은 인간의 생활을 편리하게도 하지만, 사생활과 인권을 침해하는 문제를 일으키기도 합니다.

과학기술과 기후위기는 떼려야 뗄 수 없는 관계입니다. 환경운동가이자 작가인 나오미 클라인Naomi Klein은 자신의 책에서 '기후변화의 시작은 증기기관차'라고 말했습니다. 증기기관차가 산업혁명의 상징임을 생각한다면, 산업혁명이 기후위기를 불러일으켰다고 이해할 수 있습니다. 증기기관차는 석탄을 태우고 물을 끓여 얻은 증기의 힘으로 움직입니다. 말이나 소를 키워서 짐을 운반하던 때보다 훨씬 더 큰 힘을 손쉽게 얻을 수 있게 된 것이지요. 증기기관차가 탄생하면서 더 많은 생산과 더 빠른 이동이 가능해졌습니다.

그런데 여기에는 기본 전제가 있었어요. 석탄과 같은 화석연료를 인류가 자유롭게 사용해야 한다는 전제. 한계도 뚜렷했습니다. 말이나 소는 한 집에 몇 마리씩 키워서 이용할 수 있었지만 증기기관차를 움직이는 화석연료는 '누구나' 가질 수 없었습니다. 결국 누군가'만' 가질 수 있는 화석연료를 캐내서 사용하기 시작했고, 그것은 산업혁명이라는 이름으로 세계를 변화시켰습니다. 대량생산이 가능해진 것이지요. 이때부터 화석연료는 산업을 지탱하고 인류 문명을 발달시키며 이윤을 창출하는 수단이 됩니다.

잠깐 생각해 보세요. 우리 둘레에 화석연료를 사용하지 않는 무언가가 있는지. 쉴 수 있는 집도, 식탁에 올라온 먹을거리도, 공간을 산뜻하게 해 주는 냉난방 기계도, 학교나 회사로의 이동도, 우리 일상의 한 부분인 옷과 휴대전화마저 모두 화석연료에 바탕을 두고 있습니다. 과학기술의 발달은 우리 생활과 늘 함께했지요. 결국 화석연료에 기반을 둔 과학기술의 발달이 대량생산과 소비로 이어졌고 기후위기에 기여했다고 볼 수 있습니다.

화석연료로 발생한 온실가스가 지구온난화의 원인이 되고 기후변화를 일으킨다는 것은 과학이 밝혀내고 사회가 합의한 사실입니다. 그런데 왜 인류는 이 문제를 해결하지 못하고 '재난' '위기'와 같은 더 심각한 상황에 이르렀을까요? 조금 단정적으로 말하면 화석연료가 국가와 인류에 부와 권력을 가져다주었기 때문입니다. 정책을 결정하는 사람들은 그 기반을 무너뜨리고 싶지 않았을 것입니다. 미국의 트럼프 대통령이 두 번에 걸쳐 파리기후협정을 탈퇴하고, 자국의 경제를 위해 화석연료를 기반으로 한 에너지 정책으로 돌아선 것도 이런 맥락입니다.

앞으로 기후위기를 해결하고 온실가스를 줄이려면 화석연료를 사용하지 않고도 인류의 삶을 풍요롭게 해 줄 과학기술이 필요합니다. 기후변화에 관한 정부간 협의체IPCC는 6차 보고서에서 2030년까지 온실가스를 줄일 수 있는 다양한 방법을 제시했습니다. 발전, 산업, 농림업, 수송, 건축처럼 부문별로 여러 방법을 제시하면서 감축 잠재량과 필요한 비용을 같이 보여 주었습니다. 모든 방법을 통틀어 가장 많이 감축할 수 있고 비용이 적게 드는 방법은 태양광발전과 풍력발전으로 전환하는 것이었습니다. 우리 정부가 적극 추진하는 핵발전은 이 두 가지 발전 방식을 합한 것보다 감축 잠재량이 약 10분의 1에 불과하고 비용은 열 배 이상 드는 것으로 평가되었습니다. 또 온실가스 감축 계획에 포함된 기술 가운데 하나인 탄소포집·활용·저장기술CCUS은 핵발전보다도 감축 잠재량이 적고 비용은 더 많이 듭니다.

그러다 보니 세계적으로 주목받고 있는 풍력발전과 태양광발전의 기술 발달이 놀라울 따름입니다. 우리 집 베란다에 태양광발전기를 설치했던 2017년쯤만 해도 책상 크기만

한 태양광 패널에서 약 300와트의 전기를 생산할 수 있었습니다. 하지만 지금은 비슷한 크기의 태양광 패널로 500와트가 넘는 전기를 생산합니다. 모양은 어떤가요. 창문이나 벽을 대신할 수 있는 모양에, 여러 색깔 가운데 하나를 고를 수 있도록 디자인도 다양해지고 있습니다.

풍력발전도 마찬가지입니다. 2019년 땅에서 150미터 크기의 풍력발전기로 2.5메가와트 전기를 생산했다면 앞으로는 바다에서 높이 270미터 풍력발전기로 17메가와트의 전기를 생산할 수 있습니다. 기술이 발달하면서 효율이 좋아진 것이지요.

온실가스 배출을 줄이기 위한 중요한 기술은 또 있습니다. 바로 '수소환원제철HyREX'이라고 불리는 철 생산 기술입니다. 철강산업은 우리나라 산업 분야에서 가장 많은 탄소를 배출합니다. 2022년 포스코 포항제철소가 태풍 힌남노로 물에 잠기는 바람에 석 달 동안 가동이 중단된 적이 있습니다. 제철소가 가동을 멈추면서 줄어든 온실가스가 우리나라 전체 배출량의 10퍼센트나 되었다고 하니, 철강산업의 온실가스 감축이 얼마나 중요한지 실감이 납니다. 철광석에서 철을 얻으려면 산소를 분리하는 과정이 필요한데 이때 화석연료를 씁니다. 그런데 HyREX기술은 산소 분리 과정에서 화석연료

대신 수소를 사용하는 거지요. 포스코는 2025년까지 이 기술을 확보하겠다고 밝혔습니다.

물론 온실가스를 줄일 수 있는 과학기술 가운데 현실에서 적용할 수 있을지 가늠하기 어려운 것도 많습니다. 대표적인 것이 '인공 강우' 기술입니다. 이 기술은 과거 피나투보 화산Mount Pinatubo이 폭발했을 때 화산재가 태양 빛을 가려 일시적으로 지구 기온이 낮아진 것에서 아이디어를 얻었습니다. 지구 상층부 대기에 황이나 에어로졸 입자를 뿌려 지구로 들어오는 태양에너지를 조절하자는 것입니다. 하지만 황이나 에어로졸이 지구 생태계에 어떤 영향을 미칠지 알 수 없습니다.

연구개발하고 있는 '소형 모듈형 원자로SMR'도 비슷합니다. 이미 우리 정부는 2028년까지 이 기술을 개발하는 데 약 4,000억 원을 투입하겠다고 밝혔고 이듬해 연구개발 예산만 332억 8,000만 원을 편성했습니다. 재생에너지 예산은 거의 절반으로 줄이면서 말이지요. 문제는 개발하고 있는 SMR기술이 온실가스를 절반으로 줄여야 하는 2030년까지 사용할 수 있을지 알 수 없다는 사실입니다. 가장 빠르게 개발을 진행하고 있는 미국 기업 뉴스케일 파워Nuscale Power Corp.도 빨라야 2028년을 목표로 삼고 있습니다. 게다가 이 기술은 핵발전소의 소형 버전이기 때문에 핵폐기물이나 방사능 위험은 여전히 남아 있지요.

    이제 과학기술적 사고가 아닌 인문사회학적 사고로 이야기를 바꿔 볼까요? 오펜하이머 이야기로 다시 돌아가서, 내가 만약 오펜하이머였다면 어떤 결정을 했을지 생각해 봅시다. 무기의 위험성을 어느 정도 예측할 수 있는 과학자의 입장에서 그 기술을 개발하는 게 좋을지 말이지요. 처음에는 인류에게 도움을 주었던 과학기술도 시간이 흐른 뒤 사회문제를 가져올 때가 많습니다.

    스웨덴의 화학자 스텐 구스타프 툴린Sten Gustaf Thulin은 1959년에 지속력이 약한 종이봉투를 대신하기 위해 비닐봉투를 개발합니다. 툴린이 비닐봉투를 한 번만 사용하고 버리는 지금 상황을 보았다면 놀랄 것입니다. 살충 효과가 있는 디디티DDT의 발견도 비슷한 예입니다. 스위스의 화학자 파울 헤르만 뮐러Paul Hermann Muller가 1948년에 노벨 생리의학상을 받을 만큼 DDT 효과의 발견은 인류에게 엄청난 과학적 결실이었습니다. 뮐러조차 세월이 흘러 자기가 발견한 것이 지구 생태계를 위협하고 결국엔 사용금지될 거라고는 생각지 못했을 것입니다. 인류에게 필요한 선한 과학이었고, 여전히 활발히 이용되는 과학이지만 우리가 어떻게 사용하느냐에 따라 그 결과가 매우 달라질 수 있음을 아주 잘 보여 주는 사례지요.

 기후위기를 해결하려는 과학기술이 쏟아지고 있습니다. 하지만 과학은 만능이 아닙니다. 그 한계를 인식하고 면밀히 검토해 위험을 최소로 낮춰야 하는 것이 과학의 원칙입니다. 그리고 정치는 과학이 원칙을 지킬 수 있게 지원하고 협력해야 합니다. 지금 이 시대에 필요한 과학이 무엇인지 사회적으로 합의할 수 있게 도와야 합니다. 탄소배출을 줄이겠다는 목표만 맹목적으로 바라보며 생태적 가치와 생명 공존을 소홀히 여긴다면 기후위기를 해결하기 어렵습니다. 핵폭탄으로 피해를 입은 일본이 핵오염수를 바다에 투기하면서 안전하다고 말하는 지금, 우리는 어떤 과학을 응원하고 어떤 합의를 이끌어 내야 할지 다시 한번 생각해 보면 좋겠습니다.

바다에 재 뿌리고
하늘에는 소금 뿌리자?

멋진 휴양지 앞바다에 잿물을 뿌린다면 어떻게 될까요? 미국 매사추세츠주 우즈홀 해양연구소WHOI가 실제로 이 연구를 준비하고 있습니다. 무려 2만 2,700톤이나 되는 잿물을 마서스 비니어드Martha's Vineyard라는 고급 휴양지 앞바다에 뿌리겠다는 계획이지요. 왜냐고요? 바로 지구온난화와 기후위기 때문입니다. 과학자들은 우리에게 닥쳐올 거대한 위기를 지구공학적 해법으로 해결해 보겠다는 조금은 맹랑해 보이는 생각을 하기도 합니다.

지구 멀리 우주 어딘가에 아주 큰 거울을 설치하는 연구도 있습니다. 거울은 빛을 반사하니 태양으로부터 들어오는 빛을 거울로 반사해 멀리 보내는 것입니다. 실제로 1993년

러시아는 지름 20미터짜리 거울을 우주정거장에 설치해 보름달이 만들어 내는 정도의 빛을 지구에 보내는 데 성공했습니다. 일명 '즈나먀 계획Znamya Project'이라는 연구였는데, 극심한 추위를 막기 위한 것이었다고 합니다. 그 원리를 반대로 이용해 빛을 멀리 보내면 지구의 온도를 낮추는 데 도움이 될 것이라 생각한 것입니다. 그러나 이를 실현하려면 무려 스무 해 동안 4조 8,600억 달러가 든다고 예상했습니다.

호주에서도 놀라운 실험을 진행하고 있습니다. '하늘에 소금물 뿌리기'를 통해 '해양 구름 밝히기'를 시도하고 있지요. 서던크로스대학교SCU 연구진은 해상에서 공중으로 소금물을 뿌려 하늘에 있는 구름을 더 밝게 만들면 이 구름이 햇빛을 반사해 구름 아래 바다 온도를 내릴 수 있다고 생각합니다. 약 6,400만 달러를 들인 이 실험은 2024년 2월 호주의 산호초 지대 그레이트 베리어 리프Great Barrier Reef 가까이에 있는 바다에서 이뤄졌습니다. 지구온난화 때문에 많은 양이 폐사되고 있는 산호초 지대를 보호할 거라고 기대하고 있지요.

비슷한 실험 가운데 그나마 가장 가능성이 있다고 꼽히는 태양지구공학Solar geoengineering 기술은 '성층권에 에어로졸 뿌리기'입니다. 비행기로 뿌리기만 하면 되니 쉽고 비용도 적게 든다는 까닭이지요. 에어로졸은 햇빛을 반사하는 미세한

입자를 말하는데, 이를 뿌려 인공 구름을 만들면 그늘이 생기면서 지구 온도가 낮아진다는 것입니다. 이 방법은 화산이 폭발했을 때 화산재가 하늘을 뒤덮자 지구 온도가 떨어졌던 원리를 이용했습니다. 인공 구름이 화산재 역할을 하는 것이지요. 실제로 1991년 필리핀의 피나투보 화산이 폭발했을 때 화산재가 대기를 뒤덮어 한 해 동안 지구 온도가 0.5도 낮아졌다는 기록이 있습니다.

미국의 스타트업 메이크 선셋Make Sunsets은 풍선 속에 유황을 넣어 날리는 실험을 하고 있습니다. 그들은 성층권으로 방출된 유황이 1그램당 이산화탄소 1톤을 없앤다고 말합니다. 이스라엘의 스타트업 스타더스트 솔루션Stardust Solutions 역시 에어로졸을 하늘에 뿌려 날씨를 흐리게 만든 뒤 지구 표면 온도를 낮추는 실험을 하고 있습니다.

태양지구공학적 해법이라고 불리는 이 같은 과학기술은 바다나 대기에 인공적인 악영향을 미칠 수 있어서 예전에는 꺼렸습니다. 그런데 요즘 이런 신기술을 도입해 지구 온도가 올라가는 것을 막아 보자는 움직임이 조금씩 활발해지고 있습니다. 세계의 유명한 부자들이 투자하고 있다는 소문도 들리고 있고요.

도대체 지구 온도가 얼마나 올라갔기에 안전하지 않은

신기술까지 이야기하게 됐을까요? EU의 기후변화 감시 기구인 코페르니쿠스 기후변화연구소C3S는 2023년 2월부터 2024년 1월까지 한 해 동안 지구 평균기온 상승 폭이 산업화 이전보다 1.52도 높아졌다고 발표했습니다. 한 해 평균으로 보았을 때, 인류가 생존의 마지노선으로 생각했던 파리기후협정 목표치 1.5도를 처음 넘어선 수치였습니다. 이런 추세가 이어지더니 2024년 7월 22일은 전 세계 평균기온이 17.16도에 이르면서 기온 관측 이래 가장 더운 날로 기록되었습니다. 세계 바다의 수온 역시 2023년 8월 이후부터 계속 높아지고, 우리나라 바다의 평균 수온 또한 역대 최고치를 기록했습니다. 지구 역사상 지난 사십 년 동안 해양온난화 속도는 네 배 이상 빨라졌습니다.

이러다 보니 브라질 아마존 열대우림에서는 2024년 2월에만 2,940건의 화재가 일어났습니다. 아마존에서는 땅을 불법으로 일구려고 일부러 불을 지를 때가 많지만, 그해 산불은 건조한 대기 상태와 폭염의 영향이 컸던 것으로 분석되었습니다. 브라질 역시 1999년 이후로 2024년에 가장 기온이 높았다고 집계됐으니까요. 미국도 산불을 피하지 못했습니다. 미국 텍사스 산림청에 따르면 2월 말에 시작된 텍사스주 팬핸들Panhandle 지역의 산불은 서울 면적(605제곱킬로미터)의 다섯 배가 넘는 규모를 태우며 어마어마한 피해를 남겼습니다. 이 산불은 텍사스주 역사상 두 번째로 큰 불이었다고 하지요.

우리나라는 어떨까요? 농촌진흥청은 2024년 1월 중순부터 2월 중순까지 겨울의 전국 평균기온은 섭씨 1.9도로 평년보다 2.1도 높았다고 발표했습니다. 과학기술을 바탕으로 한 기상관측이 시작된 뒤로 역대 여섯 번째로 따뜻했어요. 그렇다고 마냥 따뜻했던 것은 아닙니다. 1월 말에는 강원도 최저기온이 영하 25도, 내륙 대부분이 대낮에 영하 10도 안팎으로 떨어지는 추위도 있었지요. 기상청이 해설한 '3개월 전망'에서도 "한반도가 대륙고기압과 이동성고기압 영향을 주기적으로 받아 일시적으로 기온이 큰 폭으로 떨어질 것"이라고 보았습니다. 울릉도에서는 1월에만 13일 정도 눈이 내렸다고 하니 그해 겨울은 유난히 눈비가 많이 내렸습니다.

따뜻한 겨울이 계속되면서 북극의 얼음은 십 년 뒤면 사라질 수도 있다는 경고가 이어졌습니다. 남극도 해빙 면적이 세 해 연속 역사상 가장 적은 수준을 기록했다고 보도했습니다. 극지방의 얼음이 녹으면 지구의 변화는 더 빨라집니다. 태양에너지의 90퍼센트를 반사하는 해빙과 달리 해양은 더 많은 열에너지를 저장하기 때문입니다. 얼음 위에서 쉬어 가며 먹이를 구하던 북극곰은 해빙 때문에 먹이 활동을 하지 못해 굶주리고, 기온이 낮아 감기 바이러스도 생존하기 어려웠던 남극에서는 조류인플루엔자AI 변종이 발견되면서 펭귄들이 멸종할 수 있다는 걱정이 나오고 있습니다.

이런 상황이다 보니 '지구온난화Global Warming'가 아니라 '지구가열화Global Heating'라는 표현도 심심치 않게 나옵니다. 그래서 획기적인 무언가가 '짠' 하고 나타나 인류를 구원해주기를 바라는 것이겠지요. 앞서 말한 '태양지구공학 기술'도 그 가운데 하나일 것입니다. 국제연합환경계획UNEP은 이 해법에 대해 전문가 집단을 구성해 살펴보았습니다. 그 결과 "지금으로서는 중단기적으로 대규모 태양지구공학 기술을 현장에 배치하는 것이 적절하지 않고 현명하지도 않습니다" 하고 발표했습니다.

가장 큰 문제는 이 기술이 기후 시스템을 혼란스럽게 할 수 있기 때문입니다. 인공적으로 바다에 재를 뿌리고, 대기에 소금을 섞는 것은 당연히 생물학·물리학적 시스템의 총체적 혼란을 몰고 올 수 있다고 본 것이지요. 인공 구름이 햇빛을 가리면 그늘은 만들어지겠지만, 이것 때문에 식물 광합성도 줄어들 테니 생태계 교란의 대표적인 예가 되는 기술로 남겠지요.

게다가 이 기술은 한번 쓰기 시작하면 계속 써야만 합니다. 과학기술로 지구 온도를 낮췄으니 이를 중단하면 지구가 다시 가열될 테니까요. 결국 근본 문제를 해결하는 방법이 될 수 없습니다. UNEP의 수석과학자 안드레아 힌우드 Andrea Hinwood는 "태양지구공학 분야 연구에서 많은 진전이 있었고 모델링도 발전했지만, 이를 실행하려면 잠재적 위험에 대한 훨씬 더 많은 경험적 증거가 필요하다"고 했습니다. 나아가 "우리의 평화와 건강과 복지를 바란다면, 인간과 자연이 조화를 이루는 순환경제로 전환하는 것보다 더 나은 대안은 없다"고 분명하게 밝혔습니다.

엄청난 첨단기술인 태양지구공학에서 현실로 눈을 돌려볼까요? 지금 전 세계에서는 기후변화를 해결하기 위해 '지금 당장' 할 수 있는 일들을 찾고 있습니다. 가장 대표적인 것이 '에너지전환'입니다. 화석연료 사용이 탄소배출을 늘렸다는 것은 누구나 아는 확실한 사실이니까요. 제28차 유엔기후변화협약 당사국총회 COP28에서도 '화석연료로부터 벗어나기 위한 전환 Transitioning Away'이라는 합의를 이루었습니다. 완전한 퇴출이 아니라는 점에서 부족하다는 평가가 있었지만, 이전 회의보다 아주 조금 진전이 있는 건 사실입니다.

이보다 더 눈에 띄었던 것은 120개가 넘는 국가가 "재생에너지를 세 배로 늘리고 에너지효율은 두 배로 확대하는" 서약에 함께했다는 사실입니다. 재생에너지로의 에너지전환이 얼마나 중요한지 드러난 서약이지요. 실제로 재생에너지 비중은 세계에서 빠르게 늘어 가고 있습니다. 에너지 사용이 가파르게 늘고 있는 중국도 재생에너지 비중이 15퍼센트를 넘으면서 전 세계 재생에너지의 30퍼센트 이상을 차지하고 있을 정도입니다. 국제에너지기구IEA도 연례 보고서를 통해 2025년 초까지 재생에너지가 전 세계 최대 발전원이 될 것이라고 밝혔습니다. 재생에너지가 앞으로 다섯 해 동안 전 세계 전력 확대의 90퍼센트 이상을 차지할 것이며, 2025년 초에는 석탄을 제치고 세계 최대 전력 공급원이 될 거라고 분석했습니다.

그런데 우리나라는 아주 다릅니다. 남들이 재생에너지 세 배 확대를 약속할 때 원전 세 배 확대 서약을 끌어내려고 노력했고, 국내 정책도 핵발전에 온갖 지원을 쏟아붓고 있습니다. 재생에너지 지원은 대폭 줄이고, 핵발전에는 가격 보장, 세금 혜택, 투자 지원도 약속했습니다. 그 가운데 눈에 띄는 것이 바로 SMR에 투자하는 것입니다. 그러나 소형 핵발전소와 관련된 기술은 아직 완성되지 않았고, 정부 계획대로 간다고 해도 2036년이 지나야 쓸 수 있습니다. 핵발전 안전이나 핵폐기물 문제가 여전히 남아 있는 것은 말할 것도 없고요. 기존의 대규모 핵발전소도 새로 지으려면 적어도 십 년이 넘는 기간이 걸리기 때문에 당장 온실가스를 줄이는 데는 아무 효과가 없습니다.

우리에게는 시간이 없습니다. 수많은 보고서와 뉴스가 전하는 경고가 아니더라도 우리가 온몸으로 겪는 기후위기가 그 현실을 적나라하게 보여 주고 있습니다. 기후위기 시계는 1.5도 상승까지 앞으로 5년 남짓 남았다고 경고합니다. 우리가 그 시간 안에 탄소중립에 도달하지 못하면 더 큰 위험이 닥치겠지요. 눈을 반짝거리며 기후위기를 해결할 태양지구공학 기술을, 또는 핵발전 건설이나 소형 핵발전소 기술이 상용화되기를 기다릴 시간조차 없어요. 그렇기에 우리는 이미 확실한 방법으로 인정된 재생에너지를 늘리는 일에 더 많이 투자해야 합니다. 이는 물러설 수 없는 사실입니다.

4월에 치러지는 국회의원 선거를 흔히들 '벚꽃 선거'라고 말합니다. 그러나 지구가열화는 '봄꽃 시즌'을 변화시키고 있지요. 우리나라 여의도 벚꽃 축제일이 앞당겨지는 것만 봐도 알 수 있습니다. 2023년에는 4월 4일이 축제 개막일이었어요. 하지만 제 기억을 떠올리면, 그보다 더 일찍 꽃이 피어난 데다 개막일 바로 전에 내린 비로 축제가 시작되기도 전에 꽃은 거의 다 지고 말았지요. 2024년에는 더 빨라진 3월 29일부터 벚꽃 축제가 시작되었습니다.

    4월 총선을 벚꽃 선거로 되돌릴 방법은 재생에너지로의 에너지전환이 가능한 정치를 선택하는 것일지도 모릅니다. 앞으로 언제 개발될지도 모를 과학기술로 환상을 심어 주는 정치가 아닌 지금 당장 실천할 수 있는, 기후행동을 만드는 정치를 선택하는 것이지요. 꽃이 피면서 '위기의 신호'를 보내고 있다는 것은 마음 아프지만 사실입니다. 위기의 신호를 알아차렸을 때 얼른 그 방향키를 돌려야 합니다. 처음 방향을 돌리기는 어렵고 티가 나지 않을 수 있습니다. 하지만 그것이 쌓이면 결과를 보여 주겠지요.

    기후위기를 과학기술로만 해결하려는 먼 날의 시도보다는, '지금 당장' 할 수 있는 노력이 그 시작입니다. 4년마다 치러지는 총선에 제때 피어날 벚꽃을 기대하며 기후 총선을 생각해 보면 어떨까요.

전기 요금,
올릴까요 말까요?

2022년 이후 전기 요금이 조금씩 오르고 있습니다. 특히 2022년 상반기 한전이 어마어마한 적자를 내면서 전기 요금을 올려야 한다는 이야기가 많이 흘러나왔습니다. 여기에 러시아와 우크라이나 전쟁도 더해져 에너지 위기가 겹쳤지요. 전기와 가스 같은 에너지는 우리 생활과 연결되어 있다 보니 전기 요금은 사람들의 관심이 쏠리는 주제입니다. 어떠세요? 요금 인상에 찬성하시나요? 아니면 반대하시나요?

전기나 가스의 사용은 기후 영향을 많이 받습니다. 대체로 7월 말에야 냉방기를 켜던 것과 다르게 최근에는 5월부터 이른 더위가 시작됩니다. 2024년에는 우리나라 기상관측 사상 가장 더운 해로 기록될 정도로 폭염이 기승을 부렸습니다.

그러니 더위에 대비하는 전기 소비가 늘고 당연히 냉방비 걱정도 늘었습니다. 추위도 마찬가지입니다. 한파가 몰아치는 1, 2월에 치솟은 난방비 고지서를 보고 한숨지으니까요. 모든 물가가 고공행진을 하는 지금, 전기와 가스 같은 에너지 요금도 더 내야 하는 현실이 답답합니다.

하지만 공기업인 한전의 적자 문제나 에너지 위기를 해결하기 위해서는 여전히 요금 인상이 필요하다는 것이 정부의 입장입니다. 기후위기 해결을 촉구하는 시민사회에서도 에너지 낭비를 막고 수요를 줄이기 위해서는 에너지 요금을 현실화하는 것이 필요하다고 주장합니다.

전기나 가스 같은 에너지 요금에 대해 논의한 지 이미 십 년이 넘었습니다. 석탄이나 가스, 핵에너지를 써서 만드는 전기가 오히려 연료비보다 싸게 책정되어 정책에 문제가 있다는 주장도 오래된 얘기입니다. 이른바 '콩보다 싼 두부' 가격을 바로잡아야 한다는 것이었지요. 우리나라는 그동안 경제발전과 산업 지원이 중요한 목표였기 때문에, 전기의 생산 원가를 그대로 반영하기보다는 정부 정책으로 '원가보다 싼' 전기 요금을 유지해 왔습니다. 물론 여기서 중요한 건 도대체 원가가 얼마냐 하는 것인데, 매번 투명하지 않아서 문제이기도 했지요.

여기에 깨끗하고 안전한 에너지를 위해 들이는 기후환경 비용이 거의 들어가 있지 않는다거나, 원료가 되는 연료비가 달라지는 데도 가격에 전혀 반영되지 않는다는 것 같은 문제가 계속 제기되었습니다. 당연히 취약계층이 갖는 전기 요금 부담을 어떻게 할 것인가도 논의의 대상이지요. 하지만 정부는 국민들과 함께 제대로 된 근거를 가진 토론이나 공론을 만들지 못한 채 여름철에만 잠깐 전기 요금을 할인해 주는 따위의 땜질로 그쳤습니다. 그나마 2021년부터 일부 반영된 '연료비 연동제'나 '기후환경 요금'도 코로나19와 서민 경제가 어렵다는 까닭으로 시행되지 않았습니다.

그동안 전기 요금 현실화는 정부가 부담스러워했던 것이 사실입니다. 전기 요금이 오르면 국민들은 가정경제에 부담이 된다고 느낄 테고, 그러면 국정 운영에 대한 국민 지지도 낮아질 테니까요. 전기 요금은 물가에 영향을 주기도 하는 데다가 저소득층에게는 꼭 필요한 에너지 사용에 영향을 줄 수 있어서 충분한 논의가 필요합니다. 기후위기 시대에 폭염이나 한파와 같은 극한 날씨가 더 많아지면 냉방이나 난방에 필요한 에너지는 늘어날 것이고, 이에 따라 누군가는 더위와 추위에 더 많이 노출될 수 있습니다. 추운 겨울, 난방비를 아끼려다가 비닐하우스에서 사망한 외국인 노동자 부부나, 전기 요금을 내지 못해 전기가 끊긴 집에서 촛불을 켰다가 화재로 사망한 중학생, 폭염으로 사망한 노인들……. 이미 우리가 겪은 아픈 현실입니다.

현실이 이렇다 보니 정말 궁금합니다. 에너지 위기나 기후환경을 생각해 전기 요금을 현실화하는 것이 적절할까요? 아니면 서민 경제와 취약계층을 위해 지금의 요금 정책을 그대로 두는 것이 좋을까요? 어렵고 복잡한 문제이다 보니, 모두에게 동일하게 '올린다' '올리지 않는다'로 적용하기 어렵습니다. '요금의 적정함'만을 바라보기보다는 더 중요한 몇 가지 주제에 대해 사회적으로 함께 토론해 나가는 과정이 필요합니다.

먼저 생각해 볼 주제는 '에너지에 대한 권리'입니다. 에너지는 더 이상 있으면 좋고 없으면 그만인, 선택의 문제가 아닙니다. 폭염과 한파는 날이 갈수록 점점 더 극한으로 치닫고 있으며, 개인이 부채질을 열심히 한다거나 옷을 한 겹 더 입는 걸로 이 문제를 해결할 수 없습니다. 필수 에너지 사용이 보장되지 않은 사회는 기후위기의 불평등을 가속할 수밖에 없으니까요. 그렇다고 해서 전력이나 가스를 많이 사용할 수 있게 한다고 해결되는 일도 아닙니다. 오히려 모든 사람이 쾌적하고 안전하게 살 수 있는 질 좋은 주택을 보장하는 것이 더 먼저입니다. 냉난방 효율이 낮은 주택에서 살면 에너지 사용이 늘 수밖에 없고, 저소득층이 더 큰 부담을 안게 되면서 불평등의 악순환에 빠집니다. 그래서 2021년 7월부터 서른 세대가 넘는 공동주택은 건축물 에너지효율등급을 1+ 등급으로 설계해야 한다는 것을 법으로 정해 놓았습니다. 기후위기 해결과 에너지 비용 절감에 필요한 제도지요.

하지만 문제는 지은 지 오래된 집을 수리할 돈이 없거나, 전세 또는 월세로 수리조차 불가능한 사람들, 또는 집이 없는 사람들에게 '효율'이라는 단어는 먼 이야기일 수 있다는 점입니다. 그래서 빈곤 운동을 하는 시민사회단체는 에너지 기본권 보장과 빈곤층의 생존에 꼭 필요한 기후 정책은 공공임대주택을 늘리는 것이라고 말합니다.

에너지에 대한 권리는 에너지를 마음대로 펑펑 쓰자는 것이 아닙니다. 필수 에너지 사용을 보장하고 쾌적하고 안전한 주택을 보장하는 것이 먼저여야 한다는 뜻입니다. 냉난방, 집 안 조명, 음식을 준비하기 위해서 누구나 에너지 사용을 선택할 수 있어야 합니다. 에너지 기본권과 빈곤 문제를 해결하는 것은 기후정의를 위한 필수 조건입니다. 에너지에 대한 권리는 삶과 죽음의 문제일 수 있을 뿐 아니라, 행복한 삶을 위한 전제이기 때문입니다.

다음은 에너지 생산과 공급을 누가 해야 할지 생각해 보는 것입니다. 예전에는 공기업인 한전에서 모두 생산하고 판매했다면, 1996년 '민자발전사업 기본계획'이 세워진 뒤에는 민간 발전회사가 생산하는 전력 비중이 커지고 있습니다. 2020년만 해도 전체 발전량 가운데 약 30퍼센트를 민간 발전회사가 담당했습니다. 민간 발전회사는 원료의 원가 상승에 따라 한전에 파는 전력의 판매 단가를 조절해 수익을 높이지만, 한전은 정부 정책과 경제 상황을 함께 고려하기 때문에 원가 상승 같은 변화 요인을 유동적으로 반영하기 어려워 수익성이 떨어지기도 합니다. 그렇다고 전기 생산을 모두 다 민간 발전이 담당하고 시장 원리에 따라 가격도 정하도록 맡기면 어떻게 될까요? 일찌감치 에너지 시장을 민영화한 유럽에서 그 결과를 찾아볼 수 있습니다.

유럽이 에너지 민영화를 시작할 때 많은 사람들이 기업 사이 경쟁이 일어나 좋은 전기를 싸게 살 수 있을 거라고 예측했습니다. 하지만 현실은 그렇지 못했습니다. 전력산업 민영화를 이룬 영국에서는 2002년부터 2013년까지 전기 요금이 무려 137퍼센트나 올랐습니다. 같은 기간 동안 물가는 27퍼센트만 올랐는데 말이지요. 유럽에서 에너지 빈곤 문제를 고민하는 단체인 '에너지에 대한 권리 연합 Right to Energy Coalition'에 따르면 2019년 EU에서 약 8,000만 명이 에너지 요금을 늦게 납부하거나 납부하지 못하는 일이 생겼다고 합니다. 유럽에 사는 사람 열 명 가운데 한 명은 난방을, 다섯 명 가운데 한 명은 냉방을 적절하게 이용할 수 없었습니다. 스페인에서는 자동차 사고보다 에너지 빈곤으로 일찍 목숨을 잃는 사람이 더 많습니다.

우리나라 정부는 전력 시장에 민간 기업의 참여를 더 늘리려고 합니다. 민영화의 핵심은 공공서비스여야 하는 에너시마저 기업의 이윤에 맞춰 소유하고 생산하고 배분한다는 데 있습니다. 에너지 '시장'이 열려야 재생에너지가 빠르게 확대되고 에너지전환에 속도가 붙는다고 주장하는 사람들이 있지만, 결국 태양과 바람과 같은 공공 자원을 민간 기업이 이윤의 수단으로 가지고 나누는 결과를 가져옵니다.

민영화가 아닌 공공의 영역이 가능하게 하려면 발전소를 누가 가지느냐를 떠나서 운영과 배분 역시 사회적 통제가 가능하도록 서로 도와야 합니다. 에너지는 기업의 '이윤'만을 위한 수단이어서는 안 됩니다. 기후위기를 해결하고 정의로운 에너지전환을 이루기 위해서는 에너지 기본권을 뒷받침할 공공의 투자와 정책의 뒷받침이 필요합니다.

마지막으로, 에너지 비용은 누가 내야 할까요? 단순하게 생각하면 쓴 사람이 쓴 만큼 내면 됩니다. 하지만 생각해 보세요. 에너지효율이 매우 낮은 낡은 집에 사는 사람들과 효율이 높게 새로 지은 집에서 사는 사람들이 저마다 겨울 실내온도를 20도에 맞춘다고 생각해 봅시다. 어느 집에 더 많은 에너지가 필요하며, 더 큰 비용이 발생할까요? 이럴 때 쓴 양만큼 '공평'하게 내라고 하는 게 맞을까요?

최근 한전이 어마어마한 누적 적자를 기록하고 있습니다. 전기 요금은 그대로인데, 연료비는 늘어났기 때문입니다. 하지만 민간 기업은 달랐어요. 한전이 2022년에만 무려 30조 원이 넘는 적자를 기록하는 동안 민간 발전기업들은 이익을 많이 얻었습니다. SK E&S, GS파워, 포스코에너지, 파주에너지, GS EPS, 에스파워 같은 여섯 개 민간 발전기업은 2022년 상반기 수익만 1조 9,000억 원으로 2021년 한 해 이익보다 더 많은 영업이익을 얻었습니다. 한전은 이 민간 기업이 생산한 전기를 연료비 원가가 반영된 금액으로 구입해서 전기가 필요한 곳에는 동결된 금액으로 팔고 있으니까요.

세계 다른 나라에서는 에너지 가격이 오르면서 과도한 이윤을 얻은 에너지 기업에 이른바 '횡재세'를 걷고 있습니다. 전쟁 특수로 이익이 늘어난 에너지 기업에 추가로 세금을 걷은 것입니다. 영국은 이익의 25퍼센트를 횡재세로 받아 그 수입으로 저소득층의 연료비를 지원했습니다. 이탈리아 역시 추가 이익을 본 에너지 기업에 10퍼센트 횡재세를 부과했습니다. UN 사무총장 안토니우 구테흐스도 기후위기에 빠르게 대응해야 한다며 "모든 나라 정부가 석유 회사의 초과 이익에 세금을 매겨 그 재원을 가장 취약한 사람들을 돕는 데 사용할 것을 촉구한다"고 말하기도 했습니다.

우리나라의 전력 판매 비율을 보면, 2020년을 기준으로 기업에서 사용하는 양이 무려 77퍼센트나 됩니다. 가정용은 6퍼센트쯤 되고요. 산업 부문에서 사용하는 전력이 훨씬 많은 것이지요. 결국 전기 요금이 그대로거나 낮추었을 때 혜택을 보는 것은 전력 소비가 많은 기업입니다. 가정에서 소비하는 것을 보더라도 꼭 필요한 전력보다 더 많이 사용하는 사람들이 결과적으로 더 혜택을 누리게 되겠지요. 소비량이 많아 기후 문제에 책임이 큰 사람들이 오히려 값싼 요금의 혜택을 보는 이상한 구조에서 벗어나, 그들에게 더 큰 책임을 지게 해야 합니다. 에너지 위기인 지금도 엄청난 이익을 얻은 에너지 기업의 초과 이익을 세금으로 거둬들이고 대기업의 에너지 사용 요금을 올리거나, 전기 사용량이 많은 부유층에 누진제를 확대하면, 에너지 빈곤층을 위한 보편적 에너지 복지를 확대할 수 있습니다.

전기 요금에는 여러 가지 의제와 다양한 이해 당사자가 연결되어 있습니다. 정부나 지자체처럼 정책을 결정하고 집행하는 당사자, 공기업이나 민간 기업을 비롯해 소규모 협동조합을 포함한 생산 주체, 소비 주체인 대기업, 중소기업, 공공, 농민, 가정, 그리고 학계와 시민사회……. 수많은 주체가 다양한 입장을 가집니다. 또한 기후위기 대응과 불평등을 해결해야 한다는 두 가지 주요 의제를 놓칠 수 없습니다. 이해 당사자가 직접 참여하여 논의해야겠지요.

언젠가 또다시 일시적 요금 할인이나 에너지 바우처 지급같이 단기적이고 시혜적인 요금 정책이 나올지도 모릅니다. 냉방비 폭탄이 이전 정부 탓이라는 자극적인 뉴스가 나올지도 모릅니다. 하지만 꼭 기억하면 좋겠습니다. 전기 요금은 우리 삶의 공공성과 기후위기 대응, 그리고 불평등 해결과 연관되어 있다는 사실을 말입니다.

10월에도 모기 때문에
힘들어하는 당신에게

"엄마, 방에 모기가 있나 봐."

한밤중 잠에 취한 목소리로 아이가 저를 부릅니다. 귓가에서 앵앵거려 잠에서 깼는데 정작 끈질기게 괴롭히던 모기는 눈에 안 보였던 게지요. 아이는 우리 식구 가운데에서도 모기에 가장 잘 물리는 데다 한 번 물리면 통통 부어 고생하는 터라 예민합니다. 그런데도 우리 집 모기는 늘 아이 방에서만 맴돌지요.

"근데 왜 아직도 모기가 있어?"

아이가 졸린 눈을 비비며 묻습니다. 가을이 무르익어 10월이 됐는데도 모기가 기승을 부리는 건 기후변화 때문입니다. 보통 모기는 7월부터 8월 사이에 가장 많이 나타나지만, 요즘은 여름 기온이 너무 올라가 오히려 모기의 활동이 줄었습니다. 모기가 가장 살기 좋은 기온은 25도에서 29도 사이여서 8월 무더위가 누그러지는 9월부터 더 활동이 활발해진 거지요. 2023년 질병관리청은 일본뇌염 모기가 가장 많이 나왔던 때를 9월 10일에서 16일까지로 집계했습니다. 게다가 가을은 모기 산란기여서 모기가 더 많이 나타나는 것처럼 느껴지지요.

    모기 때문에 장관직에서 물러난 사람이 있습니다. 바로 페루의 보건장관인데요, 2023년 여름 뎅기열 환자가 급증하는데 제대로 대처하지 못했다는 것이 그 까닭이었습니다. 하지만, 모기가 많아진 근본 원인은 기후위기 때문이고, 이는 페루 정부만의 노력으로 해결할 수 있는 문제가 아니었습니다. 페루에서는 그해 여름 홍수와 하천 범람이 크게 일어나 뎅기열 모기의 번식이 크게 증가했습니다. 뎅기열 감염 환자가 15만 명에 이르렀고 적어도 248명이 목숨을 잃었습니다. 뎅기열은 예방 백신도 없습니다.

    모기는 인류 역사에서 가장 많은 사람을 희생시킨 위협적인 존재입니다. 세계보건기구WHO에 따르면 해마다 모기 때문에 죽는 사람이 70만 명쯤 된다고 합니다. 일본뇌염, 뎅기열, 말라리아, 지카바이러스와 같은 감염병이 모기를 매개로 옮겨진다는 사실은 이미 널리 알려져 있습니다. 주로 아열대 지방에 사는 모기에게 점점 높아지는 지구의 온도는 개체수를 늘리는 데 매우 좋은 기회입니다. 더 빨리 자라고, 더 오래 살 수 있으며, 더 넓은 지역에서 살 수 있으니까요.

모기가 살기 좋은 환경이 되면서 이와 관련된 질병도 계속 늘어나고 있습니다. 우리나라만 보아도 알 수 있지요. 추운 겨울을 버티지 못하던 흰줄숲모기가 우리나라 겨울이 따뜻해지면서 살아갈 수 있게 됐으니까요. 흰줄숲모기는 뎅기열이나 지카바이러스를 옮기는 매개로 2013년 제주에서 발견됐습니다. 2000년대 들어서 뎅기열은 아시아와 남미는 물론 세계 곳곳으로 퍼져 나갔고요. 말라리아를 옮기는 얼룩날개모기도 마찬가지입니다. 말라리아는 예전 동남아시아나 아프리카에 갈 때 주의해야 했지만, 이제는 한국에서도 감염자가 빠르게 늘고 있습니다. 1970년도에 '말라리아 완전 퇴치 국가'로 인정받았던 우리나라의 옛 이력은 아무 소용이 없어진 거죠.

진드기도 기후변화로 서식지를 넓혀 가고 있습니다. 쯔쯔가무시병을 옮기는 털진드기는 보통 15도 이하에서 활동을 멈추는데, 기온이 올라가면서 서식지와 활동 기간이 넓어지고 있습니다. '살인진드기'로 불리는 작은소참진드기도 2013년 처음 우리나라에서 환자가 생긴 뒤 해마다 꾸준히 환자가 늘고 있습니다.

 기후변화로 환자 수가 늘어나는 감염병은 또 있습니다. 콜레라나 이질과 같은 수인성 질병이 대표적인데요. 기온과 강수량의 변화는 하천을 범람하게 만들고 물을 오염시킵니다. 2022년 파키스탄은 최악의 홍수로 국토의 3분의 1이 잠기고, 사망자 1,500여 명, 이재민 3,000만 명이 발생했습니다. 안타까운 것은 홍수로 입은 직접 피해 말고도 수인성 질병으로 300명 넘는 사망자가 생겨났다는 것입니다. 오염된 물 때문에 임산부나 어린이들이 장염, 설사, 말라리아, 콜레라에 걸린 것입니다.

 코로나19 팬데믹을 겪은 뒤로 우리는 감염병의 심각성에 관해 관심이 많아졌습니다. 감염병이 증가하는 원인과 기후변화를 만든 원인은 많이 닮았습니다. 특히 동물을 통해 사람에게 감염되는 인수공통감염병은 더 그렇지요. 인간이 사는 곳과 동물이 무리 지어 있는 곳이 멀리 떨어져 있을 때는 동물에게서 감염병이 옮을 확률이 매우 낮았습니다. 그러나 도시가 늘어나고 토지 이용이 예전과 달라지면서 동물의 서식지는 많은 부분 파괴되었습니다. 게다가 고기 생산과 소비가 늘어 사람이 키우는 가축의 밀도는 높아졌습니다. 동물에게 치명적이지 않은 바이러스도 면역 체계가 없는 사람에게는 큰 위협이 될 수 있습니다. 코로나19가 그 사실을 뼈아프게 알려 주었죠. 세계화로 이동이 잦아지면서 감염병이 빠르게 퍼져 나갈 가능성도 커졌고요.

기후변화는 감염병 유행에도 영향을 미칩니다. 2024년 지구의 평균기온은 산업화 이전보다 1.55도나 올랐습니다. 기온이 높아지면 바이러스와 다른 병원체가 원인이 되어 발생하는 감염병도 늘어납니다. 기온 상승에서 살아남은 병원체는 사람의 체온에 더 쉽게 적응할 것이고, 우리 건강에 위협적인 요소가 될 것입니다.

감염병처럼 기후변화에서 시작된 건강 문제는 많습니다. 한 신문기사에서 인용한 〈미국의사협회지〉의 내용만 보아도 알 수 있어요. '기후변화는 열 관련 질환을 증가시킨다. 공기 질 변화와 꽃가루 증가로 호흡기 질환이, 미생물의 활성 증가로 감염병이, 작물 생산 감소로 영양 결핍이 일어난다. 또 해수면 변화로 홍수와 태풍이 잦아지고, 이 때문에 외상과 익사, 거주지가 불안정해져 사람들의 건강이 나빠진다'고 말합니다.

기후위기는 건강 위기이기도 합니다. 기후변화는 우리 사회의 거의 모든 것을 위협하며, 그 가운데서도 건강에 더욱 뚜렷한 영향을 미칩니다. WHO가 기후변화에 적극 대응을 이야기한 것도 이런 맥락에서입니다. WHO 사무총장의 경고를 떠올려 볼까요.

"긴급한 기후행동이 필요한 까닭은 미래가 아닌 지금 우리의 건강에 영향을 미치기 때문이다. 기후위기는 비전염성 질환의 발생률을 높이며 보건의료 인력과 인프라를 크게 위협하는 건강위기이기도 하다."

우리가 깊이 생각할 문제는 더 있습니다. 감염병이 대규모로 퍼지면 취약계층일수록 의료 혜택을 받기 어렵다는 사실입니다. 보건의료 시스템이 비교적 잘 갖춰진 우리나라에서조차 코로나19 환자가 갑자기 늘어나자 병실이 부족해서 누군가는 치료받지 못했습니다. 기후위기는 불평등을 더욱 강화합니다. 취약계층일수록 기후변화에 따른 피해를 크게 겪을 것이고 그로 인해 불평등해지는 거지요.

취약계층은 기후위기에 노출되기 쉽습니다. 2022년에는 서울에서 발생한 집중호우로 반지하에서 살던 장애인이 사망했고, 2023년에는 지하도가 침수되어 14명이 사망하는 참사가 일어났습니다. 이 문제만 봐도 불평등의 악순환이 어떤 결과를 낳는지 알 수 있습니다. 더구나 취약계층은 피해를 이겨 낼 역량도 부족합니다. 산사태와 홍수로 무너진 집에서 나와 이재민으로 살아가는 사람들은 다시 돌아갈 집을 복구하거나 이전처럼 쾌적한 생활을 하기가 쉽지 않지요. 사회 불평등의 문제는 결국 기후정의와도 연결됩니다.

    우리가 탄소배출에 기반을 둔 사회경제체계를 만들어 가는 동안 기후변화는 심각해졌습니다. 석탄, 석유와 같은 화석연료 산업이 늘어나면서 탄소배출도 나날이 늘어났지요. 자동차로 빠르고 멀리 이동하려는 욕구가 탄소배출과 미세먼지를 만들어 내면서 호흡기 질환의 원인이 되었습니다. 지금도 해마다 대기오염으로 700만 명이 사망합니다. 고기를 생산하려고 열대우림을 베고 좁은 공간에서 가축을 키우는 공장식 시스템을 만들어 지구의 허파를 파괴하고요. 뿐만 아니라 인수공통감염병이 널리 퍼지는 데 기여했지요. 더 많은 식량을 생산한다며 쓴 화학비료와 농약이 토양을 오염시키고, 안전하지 않은 먹을거리를 만들어 우리 식탁을 위협합니다. 해수면 온도 상승과 해양 산성화는 산호를 죽이고 수자원 문제로 이어집니다. 이 모두가 기후변화와 건강 위기의 원인입니다. 그리고 위기는 에너지와 식량 문제로 이어지며 사회의 취약한 부분을 깊이 파고듭니다. 사회 여러 방면에서 위험은 빠르게 늘어나는데 우리의 대응은 여전히 미약합니다.

"서울 시민인가요?"

2023년 '923기후정의행진'에 참여했을 때, 어떤 분이 제게 말을 건넸습니다. 서명 운동에 함께해 달라면서요. 서울시가 의료공공성 강화와 관련된 예산을 확대하기 위한 조례 만들기를 촉구하는 운동이었습니다. 65세 이상 노년층이 지금 서울시 인구의 18퍼센트나 되며 가파르게 늘어나는데도 노인과 사회 취약계층의 건강과 돌봄, 간병 문제를 해결하는 데 매우 미흡하다는 것이 이 운동의 배경이었습니다. 또한 소아청소년과가 줄어든 탓에 아이가 아파도 찾아갈 병원이 별로 없다는 것도 중요한 문제 가운데 하나였습니다.

설명을 다 듣고 나자 혼자 살고 계시는 엄마가 코로나19에 걸릴까 봐 늘 조마조마한 딸로서, 치매 보험을 스스로 알아보던 성인 여성으로서, 아플 때면 새벽부터 소아청소년과에 줄을 서야 하는 조카가 안타까웠던 이모로서, 제 처지가 자연스럽게 떠올랐습니다. 그래서 얼른 이름을 적었지요. 심지어 우리 단체가 운영하는 부스에 찾아오는 서울 시민들에게도 안내하겠다며 서명지를 몇 부 챙기는 정성을 보탰습니다.

그때, 예전에 한참 빠져서 보았던 미국 드라마 〈그레이 아나토미〉가 생각났습니다. 병원을 배경으로 의사와 환자의 이야기를 전해 주는 드라마에서 제게 충격을 주었던 회차가 있었거든요. 수술만 하면 낫는 병에 걸린 환자는 좋은 직장을 다니지 못한 탓에 건강보험이 없었습니다. 의사는 수술 비용을 댈 능력이 없는 환자를 살리기 위해 그와 결혼하기로 마음먹습니다. 결혼하면 그 환자는 배우자의 보험을 적용받아 적은 비용으로 수술할 수 있기 때문입니다. 놀랍죠? 우리나라 국민이라면 누구나 당연히 보장받는 건강보험을 미국 시민들은 받지 못하고 있었습니다. 미국 시민들은 좋은 직장을 다니거나 사설 보험에 가입해야만 병원에서 적절한 비용으로 치료받을 수 있었던 거죠. 다르게 말하면 돈이 없어 치료받지 못하는 일이 있다는 뜻입니다.

건강보험이나 의료 민영화에 관한 이야기가 오갈 때마다 저는 그 드라마를 보면서 받았던 충격이 떠오릅니다. 이날도 마찬가지였어요. 갈수록 감염병이 늘고 기후위기 때문에 건강이 위협받는 시기에 공중보건과 공공의료가 얼마나 중요한지 새삼 느끼게 됐습니다. 기후위기를 이겨 내려면 기후변화가 건강에 미치는 영향을 조사하고 연구해 공공의료 자원을 확충해야 하며 지역사회와 함께 예방하고 대응해 나가야 합니다. 누구나 평등하고 존엄한 삶을 살아가려면 기후위기 시대에 질병이 돈벌이의 기회가 되어서는 안 되겠지요.

다시 모기 이야기로 돌아가 볼까요? 짧은 시간에 모기를 퇴치하는 방법은 많습니다. 모기향을 피우거나 둘레에 방충망을 치는 거죠. 밖에 나가서는 모깃불을 놓을 수도 있고요. 마을 곳곳을 방역할 수도 있습니다. 하지만 '모기'에 대응하려는 개인들의 실천이나 방역보다 더 중요한 것은 기후위기를 근본부터 해결하려는 사회, 경제, 정치의 변화입니다. 공동의 목소리와 집단행동입니다. 페루 뎅기열 문제가 정책만으로 해결될 수 없는 것도 그 때문이에요. 모기와 뎅기열의 증가는 기후위기와 불평등 해결이라는 근본 문제와 얽혀 있고 이는 우리 사회를 넘어 지구촌의 문제이니까요.

2023년 8월 미국의 전 부통령 엘 고어 Al Gore가 한국을 찾았습니다. 그는 한국은 에너지전환 속도가 가장 늦은 나라 가운데 하나지만, 변화의 역량은 충분히 갖추고 있다고 평가했습니다. 그러면서 단 하나 부족한 것은 '정치적 의지'라고 꼬집었어요. 10월에도 모기 때문에 건강을 걱정하는 우리, 이제 기후위기를 해결할 '정치적 의지'를 만드는 행동을 함께하면 어떨까요.

눈길에서 마주한
기후불평등

"오늘은 운동 가지 말고 집에 있는 게 낫겠어요. 버스 정류장까지 가는 길이 엄청 미끄러울 텐데."

아침에 시골에 사는 어머니와 통화하면서 날마다 가는 운동을 하루는 쉬는 게 어떻겠냐고 말을 건넸어요. 그 전날 내린 눈 때문에 버스 정류장까지 가는 길이 어마어마한 빙판일 게 뻔했거든요. 어머니는 그냥 택시를 불러서 가겠다며 걱정하지 말라고 하셨지요. 오히려 서울 사는 딸이 승용차를 운전하는 게 더 걱정이었는지 조심하라며 신신당부하셨어요.

"여긴 괜찮아요, 도로에 있는 눈 다 치웠어요. 그리고 오늘은 눈 많이 와서 버스 타려고요."

전화를 끊고는 두꺼운 점퍼에 목도리까지 둘둘 두르고

길을 나섰습니다. 오전부터 기후위기에 대해 강연하기로 한 날이었거든요. 아파트를 벗어나 골목으로 접어들면서 얼음을 밟아 미끄러지지는 않을까, 눈구덩이에 빠지진 않을까 걱정하며 요리조리 종종걸음을 내디뎠습니다. 예전에 한번 미끄러져 넘어진 뒤로 겁이 많아졌거든요. 땅만 보고 걷다가 고개를 들어 보니 하필이면 저 앞에 제가 타야 할 버스가 지나가는 게 아니겠어요? 다른 때 같으면 얼른 뛰어서 탔겠지만, 눈이 얼어 있는 길에서는 엄두가 나지 않았지요.

끝내 그 버스를 놓치고 다음 버스를 기다리며 서 있는데, 이런, 트럭 한 대가 쌩하고 지나가면서 길가에 쌓였던 지저분한 눈을 후두둑 제게 흩뿌리고 가더라고요. 놀라서 얼른 뒤로 물러났지만 이미 일은 벌어지고 말았어요. 손수건을 꺼내 점퍼를 대강 닦으면서 '그냥 자가용을 타고 나올걸' 하고 후회했습니다. 그랬다면 춤추듯 종종거리지 않아도 되었을 테고, 지저분한 눈 폭탄을 맞지도 않았을 테고, 더 빨리 가기도 했을 것 같고요.

강연장에 도착하니 문득 점퍼가 지저분한 것이 조금 민망했어요. 마이크를 잡고서 제 옷이 왜 이렇게 되었는지 변명 아닌 변명을 늘어놓았습니다. 그러자 한 분이 큰 소리로 질문을 던졌어요.

"눈이 올 때 왜 차도만 그렇게 열심히 치우고 사람 다니는 길은 치워 주지 않을까요?"

순간, 머리가 멍해졌어요. 저도 차도만 열심히 치우는 제설차와 도로에 뿌리는 염화칼슘에만 익숙해졌던 탓이지요. 생각해 보니 정말 이상했어요. 눈이 많이 온다는 일기예보가 있으면 뉴스에서는 '폭설이 예보되어 있으니 대중교통을 이용해 주세요' 하고 계속 안내하거든요. 그런데 대중교통을 타러 가는 길은 자가용을 타는 것보다 오히려 불편하거나 위험하니까요.

기후위기에 대응하려면 자가용 대신 버스나 지하철을 타고, 걷거나 자전거를 이용하는 것이 좋다는 이야기를 많이 들어 봤을 거예요. 저도 심심찮게 그런 이야기를 하지요. 그런데 추운 겨울이나 무더운 여름, 특히나 눈이 쌓이거나 빗물이 고여 있는 길을 걸을 때는 자가용을 타고 갈까 생각하게 됩니다. 폭설이 내린 날, 큰길일수록 제설차가 발 빠르게 다니고 차도에는 세금으로 마련해 둔 염화칼슘을 뿌려요. 심지어 요즘에는 열선이 내장되어 눈이 저절로 녹는 도로도 있지요. 그런데 우리가 걷는 인도는 전혀 그렇지 않아요. 내 집 앞 눈을 알아서 치우는 '착한' 시민이 없는 곳은 빙판길이 되기 일쑤지요. 걷다가 넘어져 다쳐도 그건 모두 길을 걷던 사람이 조심하지 않은 탓이고 운이 없던 탓이 되어 버립니다.

2022년 성탄절을 앞두고 약 사흘 동안 호남과 제주, 충남 지역에 눈이 많이 내렸습니다. 언론에서는 차량이 통제되거나 고립된 장면, 비닐하우스가 쓰러진 장면을 중심으로 눈 때문에 생긴 피해 상황을 보여 주었어요. 하지만 우리에게 잘 알려지지 않은 사실이 있어요. 12월 22일부터 27일 오후 5시까지 광주에 접수된 폭설 관련 피해 289건 가운데 절반 이상인 174건이 낙상 사고였습니다. 더 놀라운 건 온 광주 시내에 200대가 넘는 제설 장비가 동원되었지만, 인도에 쌓인 눈을 치울 수 있는 제설차는 단 한 대도 없었다는 사실이에요.

버스를 타고 운동하러 가는 시골의 어머니, 골목길을 걸어 학교에 가는 아이, 눈 온 날도 어김없이 손수레를 끌던 폐지 줍는 할머니, 아이를 안고 어린이집으로 가던 여성, 그날 아침 제가 마주친 교통약자들입니다. 이들 모두 빙판을 피해 춤추듯 걷다가 자칫 넘어지면 그냥 자기 책임이 되는 사람들입니다. 이들에게는 눈을 치워 줄 제설차도, 비탈진 언덕을 녹여 주는 열선도, 골목에 뿌릴 염화칼슘도 없으니까요.

기후위기는 점점 심각해지고 겨울철 폭설과 한파는 앞으로 더 자주, 더 강하게 나타날 것입니다. 지구 평균기온이 올라가는 속도는 우리의 예측을 항상 넘어서고 있으니까요. 지구가 뜨거워지는 까닭은 바로 온실가스 때문입니다. 지구의 평균기온 상승 폭이 1.5도보다 높아지면 지구 생태계는 더 이상 돌이킬 수 없는 상태가 될 수 있습니다. 2023년 기후변화에 관한 정부간 협의체IPCC가 발행한 6차 보고서에서 '기후변화의 거의 유일한 원인은 인간과 인간의 활동'이라고 발표했어요. 그러니 당연히 온실가스 배출을 줄이는 것이 인류 공동의 과제가 되었습니다. 세계 여러 나라는 2050년, 또는 그 이전까지 탄소중립을 선언하고 다양한 정책을 내놓았어요. 전기는 태양광이나 풍력 같은 재생에너지로 생산하고, 운송 수단은 전기차나 수소차로 바꾸고, 집은 에너지효율이 높도록 고치는 정책 말입니다. 그렇게 온실가스를 줄이고 '위기'에 대응하자는 취지예요.

    그런데 말입니다. 우리가 집을 가꾸고 에너지를 사용하는 것은 안전하고 행복하게 살기 위해서입니다. 그런데 기본적인 안전을 지켜 줄 집이 없다면, 그 집의 에너지효율이 높은 게 우선될 수 있을까요? 혹은 냉난방에 꼭 필요한 전기를 사용할 수 없다면 그 전기가 재생에너지인 게 중요할까요? 기후위기는 전 시구석으로 나타나는 현상이지만, 그 위기의 크기는 모두에게 다르게 다가옵니다. 우리는 이미 폭우가 내린 여름날 반지하방에서 살던 식구가 목숨을 잃고, 한겨울 영하의 추위에 비닐하우스에서 잠자던 외국인 노동자가 삶과 이별하는 모습을 보았지요.

그래서 기후위기는 '온실가스를 줄이는 것'만으로 해결할 수 없습니다. 우리 사회에서 다양하게 존재하는 불평등이 기후위기 속에서 더욱 심각하게 드러나고 있거든요. 대표적인 것이 바로 눈 치우기로 확인할 수 있는 자동차 중심의 사회 모습이지요. 기후위기 시대에 걷기와 자전거 타기가 중요하다고 말을 하지만, 정작 눈에 띄는 기후위기 정책은 '자동차' 중심은 그대로 두고 연료를 바꾸는 것입니다.

사람들에게 '이동'은 서로의 삶을 연결하는 데 반드시 필요합니다. 당연히 누구나 편리하고 안전하게 이동할 수 있어야 하지요. 유아차를 밀고 가는 사람도, 어린이 보호 구역을 뛰어가는 아이도, 지팡이에 의존한 어르신도, 휠체어를 탄 장애인도 안전하고 편리하게 이동하고, 버스를 타고, 지하철을 탈 수 있어야 합니다. 눈이 오면 안전하게 눈이 치워진 길을 걸어서 버스 정류장이나 지하철역으로 이동하고, 미처 눈을 치우지 못한 도로를 달리는 자동차는 천천히 움직이고요.

시민들의 '이동권'에서 '폭설'이라는 현상은 위험에 노출된 정도, 위험에 민감한 정도, 위험에 적응하는 능력에 따라 다르게 나타납니다. 이는 기후변화 취약성이라고 설명할 수 있는데, 많은 나라에서는 폭설이 일어나면 기후나 환경, 지형 특성을 헤아려 취약한 곳을 미리 정해 놓고 다른 곳보다 우선해서 관리하고 있어요. 미국에서는 시민 모두가 안전하고 깨끗하게 걸어 다닐 수 있는 환경을 마련해 주려고 제설 작업 담당을 정해 두고, 이들이 제설을 제대로 하지 않으면 벌금을 내게 했지요. 생활보호대상자나 노약자, 장애인처럼 제설 작업이 어려운 사람들에게는 의무를 면제해 주거나 시 또는 자치구가 비용을 받고 대신 제설하기도 했어요. 최근에는 시민들에게 제설 책임을 지우지 말고, 시나 정부가 책임지라는 움직임이 많아지고 있습니다. 사회를 안전하게 지키는 책임은 공공에 있다는 뜻이지요.

2017년 스웨덴의 작은 도시 칼스코가Karlskoga에서는 제설 작업에 성평등 관점을 도입했어요. 눈이 온 뒤 일어난 사고를 분석했더니 자동차 사고보다 보행자 사고가 세 배가 넘을 만큼 높고, 피해자도 대부분이 여성이라는 분석 결과가 계기가 되었지요. 여성이 도보나 자전거, 대중교통을 더 많이 이용하기 때문이었어요. 그래서 칼스코가 당국은 큰 도로를 우선으로 하던 제설 작업의 순서를 바꿔 여성들이 많이 다니는 유치원 앞, 대규모 직장 출퇴근길, 학교 근처와 자전거도로, 큰 자동차 도로 순으로 제설 작업을 했어요. 이 정책은 스웨덴의 공직자용 《성평등 가이드북》에 성평등 정책 사례 가운데 하나로 실렸습니다.

우리 일상에는 수많은 불평등이 녹아 있습니다. 그 가운데 어떤 것은 불평등인지도 모르고 지나가기도 하고, 어떤 것에는 분노하기도 하지요. 2019년부터 우리 일상에 침투한 코로나19는 우리 사회의 불평등을 적나라하게 드러냈습니다. 작업환경이 열악한 장소, 건강이 취약한 노약자, 치료할 공공병원이 없는 지역, 격리가 불가능한 주거 환경. 그 뒤를 이어 기후위기가 그 불평등의 크기를 키웁니다. 홍수에 잠기는 반지하 집, 가뭄에 말라 가는 농부, 기후재난에도 대피할 수 없는 장애인, 폭염에 쓰러지는 노동자 모두 그렇지요.

기후위기를 해결하는 것은 우리 사회의 불평등을 제대로 바라보는 데서 시작합니다. 스웨덴의 제설 작업과 성평등이라는 낯선 연결처럼 제설 작업과 이동권, 이동권과 기후위기는 모두 연결되어 있거든요. 2020년 전남 구례군 중앙초등학교 4학년 학생들의 수업 사례가 이를 잘 말해 주고 있습니다. 학생들은 탄소배출을 줄이려면 걷기 문화를 조성하는 것이 필요하다고 느꼈어요. 그래서 안전하게 걸을 수 있는 환경을 만들기 위해 학교로 오는 길을 조사했습니다. 어린이들 스스로 걷겠다고 선언하는 것도 중요하지만, 이에 못지않게 안전한 도로를 확보하는 것이 중요했으니까요. 그런 다음 조사한 내용을 군에 제안하고, 군청에서 안전과 교통을 담당하는 부서와 주민들이 마음을 모아 민관협의체를 구성해 냈습니다.

"탄소를 줄이기 위해 걷거나 자전거를 타세요"라는 말보다 걷거나 자전거를 타기 좋은 환경을 만드는 것이 우선되어야 한다는 것을 보여 주는 예입니다. 결국 안전한 이동을 보장하는 것은 탄소감축에도 효과가 있는 것이지요. 자가용 이용을 줄이는 것은 교통약자의 이동을 제한하는 것이 아닙니다. 대중교통을 늘리는 것은 결국 '누구나' 안전하고 편리하게 이동할 수 있는 권리를 지켜 주는 일입니다.

몇 해 전 광화문 그 넓은 도로가 차 없는 거리가 되었을 때 세발자전거를 탄 아이와 도로를 누볐습니다. 광화문 도로가 그렇게나 넓었는지 새삼 놀랍고, 그 한복판을 내가 걷고 있다는 사실에 가슴이 뻥 뚫리는 것 같았지요.

우리 함께 생각해 볼까요? 화석연료를 쓰면서 온실가스를 내뿜는 자동차 말고 사람들 스스로 바퀴를 굴리는 자전거가 우선인 도시를요. 전기차나 수소차가 쌩쌩 잘 달리는 미끈

한 도로보다 유아차나 휠체어가 천천히 안전하게 이동하는 도로를요. 눈이 온 뒤 가장 먼저 눈이 치워진 골목길과 천천히 운행하는 자동차를요.

이상기후가 심각해지면서, 우리는 점점 더 눈이 많이 오는 겨울을 만나게 될 것입니다. 저는 그때도 버스를 타려고 골목길을 걸을 것입니다. 하지만 언젠가는 미끄러질까 봐 조심하는 걸음이 아니라 버스를 향해 뛰어도 안전한 날이 오겠지요. 제 어머니도 택시를 타지 않고 운동하러 가실 수 있을 테고요. 우리가 생명과 안전을 생각하는 마음이 눈처럼 소복이 쌓일 테니까요. 그때에도 마침 기후위기에 대해 이야기할 자리가 약속되어 있다면 당황하지 않고 대답해 봐야겠어요.

"이제 사람이 다니는 길에 있는 눈을 먼저 치우기로 했어요. 그게 '길'이니까요."

· 2부 ·

기후 시민으로
살아가기

옷장 검사를
시작해 볼까요?

　겨울이 지나면 사람들의 옷차림도 가벼워집니다. 분홍색 벚꽃과 노란색 개나리 꽃잎이 봄바람과 함께 기분을 상쾌하게 합니다. 자주 지나는 지하철 역사에 옷 파는 매장이 즐비합니다. 철 따라 바뀌는 옷들은 언제나 눈을 자극하지만 겨울에서 봄으로, 봄에서 여름으로 바뀔 때는 무거운 색감이 화사함에서 화려함으로 변하며 더 눈길을 끕니다. 늘 무채색을 즐겨 입는 저도 봄의 색이 뿜어내는 유혹을 뿌리치기 어렵습니다. 지난해에 무엇을 입었는지 기억나지 않고, 여전히 입을 옷은 없거든요. 오늘도 옷 가게 매대에서 1만 9,900원짜리 티셔츠를 한참이나 뒤적이다 돌아섰습니다. 지난 주말 겨울옷을 정리했던 기억이 떠올랐기 때문이지요.

옷장을 활짝 열고 세탁소로 보낼 옷과 세탁기에 넣을 옷을 나눴습니다. 겨울옷은 집어넣고 봄옷은 꺼내 놓았지요. 마지막에는 입지 못하는 옷들을 구분했고요. 입지 못하는 옷들은 다시, 나눌 수 있는 옷과 헌옷 수거함에 넣는 옷, 그리고 버려야 하는 옷, 세 단계로 나눴어요. 늘 버려야 하는 옷보다 헌옷 수거함에 넣어야 할 옷이 많습니다. 올해는 헌옷을 기부할 곳 몇 군데를 찾았습니다. 상자에 고이 담아 두었으니 이제 가져가기를 기다리면 됩니다. 특히 작아서 입지 못하는 옷은 다른 사람들이 잘 입어 주기를 바라는 마음도 담습니다. 기부를 결정하고 뿌듯한 것도 잠시, 버릴 옷들을 보자 한숨이 나옵니다. '에고 이걸 그때 왜 샀나' 싶고 '어머 이런 옷이 있었네?' 싶기도 합니다.

2020년 맨체스터대학교 University of Manchester에서 진행한 연구에 옷에 관한 의미 있는 통계가 나옵니다. 연구에 참여한 여성들은 옷장 안에 있는 옷들 가운데 입지 않은 옷이 12퍼센트나 되었답니다. 생각해 보면 제 옷장 사정도 비슷한 것 같아서 살짝 반성하고 다음에는 꼭 필요한 것만 신경 써서 사자고 다짐했습니다. 그러니 지나가다 눈에 띈 티셔츠를 선뜻 살 수 없었지요.

철마다 정리하고 버리는 옷들은 다 어디로 갈까요? 일반적으로 헌옷을 처리하는 몇 가지 방법이 있는데, 가장 좋은 것은 물림이나 기부, 나눔을 통해 그 옷 그대로 다시 입는 것이겠지요. 요즘에는 어려운 국가나 이웃에게 헌옷을 기부하는 비영리단체들도 많아지고 있습니다.

이 밖에도 가장 흔히 알고 있는 방법으로 '재활용'이 있습니다. 집과 가까운 곳에 군데군데 있는 헌옷 수거함에 넣은 옷들이 재활용될 수 있으리라는 기대도 있으니 조금은 마음 편히 담아 둡니다. 재활용함에 넣은 옷은 재활용 센터에서 가져가 새로운 소재나 제품으로 가공합니다. 새로운 제품의 원료를 만들려고 직물을 파쇄하거나 분해하는 일이 잇따를 때가 많습니다.

하지만 옷의 재활용은 보통 어려운 일이 아닙니다. 전 세계 의류 소재의 재활용 비율이 12퍼센트밖에 되지 않는 데는 '옷'이 한 가지 재료로만 만들어지지 않기 때문입니다. 우리 옷에 붙은 라벨만 보더라도 한 가지 섬유로만 이루어진 것은 찾기 어렵습니다. 여러 가지 섬유에 더해 실과 액세서리들이 같이 있지요. 심지어 면 100퍼센트 티셔츠에도 폴리에스터Polyester 같은 재료로 된 라벨이나 봉제실 같은 것들이 들어갑니다. 또 염료도 들어가고요.

옷을 재활용하려면 수작업으로 일일이 직물을 분류하는 작업부터 시작해야 합니다. 인공섬유와 천연섬유가 복잡하게 섞인 의류를 모두 분류하고 분리하는 일은 쉽지 않지요. 옷의 소재를 구분했어도 실을 다시 쓰려면 섬유 속 염료를 없애는 일이 남습니다. 그러니 옷에 쓰인 소재를 다시 옷에 쓰는 방식으로 재활용한 헌옷이 1퍼센트도 안 되는 것입니다.

재활용보다 환경에 영향을 덜 미치는 처리 방법은 '업사이클링Upcycling'입니다. '새활용'이라고도 부르지요. 낡은 옷이나 가방, 거기에 달린 액세서리를 품목을 바꿔 새 상품으로 만드는 작업입니다. 청바지로 가방을 만들거나 다양한 색감의 옷을 머리끈이나 포근한 곰 인형으로 탈바꿈시키기도 하지요. 긴바지를 잘라 반바지로 만드는 리폼도 업사이클링에서 빛을 발하고요. 때때로 의류 기업이나 백화점에서 고객이 헌옷을 가져오면 분리하고 나눈 뒤 새로운 상품으로 만들어 주는 업사이클링 행사를 열기도 합니다. 2022년 서울시가 개최한 '지구에게 아름다운 패션쇼'에서는 시민들이 모델이 되어 자신에게 뜻깊은 리폼 옷을 소개하기도 했습니다.

처리하지 못하고 남은 헌옷은 어떻게 될까요? 수출하거나 매립, 소각하게 됩니다. 우리나라는 세계에서 헌옷 수출량이 세계 5위입니다. 대표적인 수출국은 서아프리카 최대 중고 시장인 가나의 칸타만토 시장 Kantamanto Market이라고 하는데요. 여기로 보내진 헌옷 수만 장 가운데 쓸 만한 옷들은 빼고 40퍼센트 정도는 다시 버려집니다. 결국 가나의 수도에서 버려진 옷들이 산더미처럼 쌓입니다. 마을은 '옷 무덤'이 되어 마을 소들이 풀 대신 버려진 옷을 먹는 심각한 상황이 보도되기도 했고요.

국제단체 '변화하는 시장 재단 The Changing Markets Foundation'도 EU 국가들이 해마다 3,700만 개가 넘는 옷 폐기물을 케냐로 수출하고 있다고 이야기합니다. 그리고 이런 헌옷이 땅속에 묻힌다면 쉽게 분해되지 않고 수백 년에 걸쳐 부서지면서 토양과 지하수에 독성 화학물질과 미세 플라스틱을 침투시키고 대기 가운데로 메탄을 내뿜는다고 주장합니다. 우리나라는 옷을 태워서 처리할 때가 많습니다. 그러니 옷을 태울 때 대기오염 물질과 탄소가 많이 배출되는 것이 문제지요. 하지만 저개발국가는 소각 시설이 없는 곳이 많아 대부분 땅에 묻습니다. 당연히 분해되지 않고 환경과 사람들의 건강에 나쁜 영향을 미칩니다.

지금 전 세계 인구는 80억 명 정도입니다. 이들을 입히려고 한 해 동안 옷이 약 1,000억 벌 만들어지고, 330억 벌이 버려집니다. 2000년부터 열다섯 해 사이에 옷 생산량이 200퍼센트까지 늘었다고 하니 의류산업이 얼마나 빠르게 돌아가는지 알 수 있습니다. 예전처럼 옷 한 벌을 고쳐 가며 입는 것이 아니라 유행에 따라 빠르게 바뀌는 스타일에 맞춰 싼 옷을 사서 잠깐씩 입고 버립니다. 우리나라에서도 한 해 7억 벌 정도가 버려지고, 약 76톤이나 되는 의류 쓰레기가 소각됩니다.

옷은 폐기되는 과정만 문제가 아닙니다. 옷을 만들 때에도 많은 화석연료와 천연자원이 쓰이고 온실가스를 배출하면서 기후위기는 심각해집니다. UN은 의류산업에서 발생하는 온실가스가 전 세계 탄소배출량의 8~10퍼센트를 차지한다고 보는데, 이는 항공산업과 해운산업의 탄소배출량을 합친 것보다 더 많습니다. 그런데도 세계은행WBG은 패스트패션fast fashion(유행을 빠르게 반영해 제작, 유통하는 의류산업)과 온라인 쇼핑이 계속 성장하면서 2030년까지 의류 판매가 최대 65퍼센트까지 늘어날 수 있다고 했습니다. 우리가 싸게 사 입는 옷은 폴리에스터와 같은 합성섬유로 만들기 때문에 그 원료인 기름이 해마다 약 550억 톤 필요합니다. 또 옷을 만드는 과정에서 쓰이는 화학물질도 한 해 4,300만 톤이나 되지요. 이뿐인가요. 옷을 염색하려고 쓴 엄청난 양의 물이 자연을 오염시킵니다. 청바지 한 벌을 만드는 데 필요한 물이 평균 7,000리터에서 1만 리터가 되니 실로 엄청납니다.

2013년 방글라데시 수도 다카 인근에서 라나 플라자Rana Plaza라는 9층 건물이 무너져 내렸습니다. 이 사고로 1,100명이 죽고 3,000명이 다쳤습니다. 사고 피해자 대부분은 패스트패션 브랜드의 봉제 일을 하던 젊은 여성 노동자들이었습니다. 우리가 값싼 옷을 사 입을 수 있었던 것은 결국 천연자원의 소비와 폐기, 저임금의 노동 착취가 이뤄 낸 결과물입니다.

그런데도 의류산업은 더 많은 스타일과 유행, 더 빠르게 소비하는 패턴을 만들고 있습니다. 영국 공영방송 비비시BBC의 분석에 따르면, 2022년 한 해 동안 패스트패션 기업인 '에이치앤엠H&M'과 '자라ZARA'가 출시한 새로운 스타일이 1만 1,000종에 이른다고 합니다. 같은 기간 호주의 유명 쇼핑 애플리케이션 '쉬인SHEIN'은 31만 4,877종의 스타일을 출시했고요. 정말 어마어마하지요. 그만큼 엄청난 양의 옷이 시장으로 쏟아진다는 뜻입니다.

상황이 심각해지자 주요 패션 브랜드들도 지속가능성에 관심을 두기 시작했습니다. 대형 패스트패션 회사인 H&M과 아디다스ADIDAS, ZARA와 같은 몇몇 회사가 유기농 원료와 재활용 재료를 사용하는 '친환경' 컬렉션을 선보였습니다. 해양 플라스틱으로 만든 다양한 운동화를 선보이기도 하고, 2025년까지 지속가능한 소재만 쓰겠다고 발표했지요. 하지만 이런 보여 주기식 방식은 결국 그린워싱 Greenwashing(위장 환경주의)으로 여겨질 수밖에 없다는 비판을 받았습니다.

이미 십 년 전 "꼭 필요하지 않으면 이 재킷을 사지 말라"는 파타고니아 Patagonia의 광고는 큰 화제가 되었습니다. 세계 최고 아웃도어 기업인 파타고니아는 환경 피해를 최소화하면서 의류를 만들기로 유명합니다. 환경오염을 줄이기 위해 재생 소재 옷을 만들고, 옷을 오래 입을 수 있게 수선 서비스를 개선하고, 공정무역 시스템을 도입해 정당한 임금을 줍니다. 이렇게 지구를 되살리는 운동을 해 나가는 것이지요.

의류산업이 심각한 사회문제로 나타나자 많은 시민사회가 산업의 변화와 규제를 요구했습니다. 1992년부터 발효된 바젤 협약 Basel Convention에서 유해 폐기물의 국가 간 이동과 교역을 규제하고 있지만, 이 협약에 의류 폐기물은 들어 있지 않습니다. 그러니 중고 의류 수출이라는 구실을 내세워 저개발국가에 엄청난 양의 옷이 버려지는 것입니다.

이런 상황에서 작은 움직임이 일어나고 있지요. 2024년 4월 EU가 '에코디자인 규정 ESPR' 개정안에 합의했는데요. 유럽 안의 의류 사업자를 대상으로 팔리지 않는 옷과 신발의 폐기를 금지하는 것이 주된 내용입니다. 또한 '간단한 수선 방법'을 상품 설명에 써넣는 방안도 검토했습니다. 2028년까지 의류 폐기물 규제 법안을 마련하기로 했고요.

의류산업계의 과도한 생산과 폐기를 막기 위해 우리가 할 수 있는 일은 많습니다. 새 옷을 사기보다 갖고 있는 옷을 잘 관리하기, 살 때 신중하게 생각하기, 나눔이나 중고 상품 쓰기, 유행보다는 오래 입을 수 있는 모양의 옷 고르기, 수선해서 입기처럼 어찌 보면 이미 다 알고 있는 방법입니다. 그보다 조금 새로운 생각을 해 보면 어떨까요? 바로 당연히 재활용될 것이라는 생각은 환상이었음을 깨닫는 거죠!

여기, 재미있는 보고서를 하나 소개할게요. 2022년 독일 베를린의 싱크탱크 '핫 오어 쿨 인스티튜트 Hot or Cool Institute'가 발표한 보고서인데요, 보고서에 따르면 한 사람의 '적정 옷장 sufficient wardrobe'은 일흔네 벌의 크고 작은 옷가지와 한 벌 짜리 옷 스무 벌 정도라고 합니다. 그리고 새 옷 구매는 한 해에 평균 다섯 벌 안이어야 한다고 해요. 잠깐 생각해 보세요. 지금 내 옷장이 '적정 옷장'인지 말입니다. 옷장 검사를 시작해 봐도 좋겠어요. 몇 벌의 옷이 들어 있나요? 쉬고 있는 옷은 없나요?

《옷장의 위기(*Wardrobe Crisis*)》 저자인 클레어 프레스 Clare Press는 이렇게 말합니다.

"무엇을 입든, 그것을 만들기 위해서는 물리적인 자원과 창조적인 자원이 모두 필요하다는 것을 기억하세요."

올해 설에는
고기를 줄여 볼까요?

사연 하나. 출근길 들른 카페에서 샌드위치 하나를 골랐습니다. 살짝 데워 달라고 했는데, 안 된다고 해 이상하다고 여기며 카페를 나왔습니다. 사무실에 도착해 포장지를 뜯고 한입 크게 베어 물다 보았지요. 포장지에 붙은 '비건vegan' 표시를요. 선명하게 자기 존재를 드러내던 햄은 진짜 햄이 아니었습니다. 제가 산 샌드위치에 들어간 비건 햄은 전자레인지에 돌릴 수 없는 제품이었어요. 카페 직원이 데울 수 없다고만 하지 말고 그럴 수 없는 까닭을 자세히 설명해 주었다면 좋았을걸 아쉬웠습니다. 그렇지만 이렇게 넣어서 팔면 '은근히 고기 소비를 줄일 수 있겠다, 우리처럼 모르고 사 먹는 사람들도 많겠다, 기업이 이런 생산을 더 늘리면 좋겠다' 같은 이야기를 사람들과 나눌 수 있었지요.

사연 둘. 사람들과 행사를 마치고 나오면서 다 같이 저녁을 먹고 헤어지기로 했습니다. 함께 있는 사람들 가운데 채식을 원하는 사람들이 있어서 그에 맞는 장소를 찾기가 조금 까다로웠어요. 같은 장소에서 행사를 마치면 주로 가던 두부 요릿집이 있었는데 얼마 전 문을 닫았거든요. 다른 식당을 찾아 조금 멀리까지 걸어가면서 두런두런 고민을 나눴습니다. "이 둘레에 우리가 채식할 수 있는 식당을 열어 보면 어떨까?" 하면서요. 협동조합으로 운영하고 재료는 여성농민회 같은 곳에서 받고, 조리장은 누가 맡으면 좋겠다는 이야기를 나누며 깔깔 웃었지요. 온전한 채식 음식만 팔지 않더라도 된장찌개나 순두부찌개의 국물을 채수로 선택할 수만 있어도 훨씬 좋겠다는 소박한 바람도 이야기했습니다.

사연 셋. "잭프루트jackfruit로 고기를 만든다고?" 한 방송을 보다가 아이들과 깜짝 놀라 소리 질렀습니다. 화면에 아주 고급스러운 식당에서 네 사람이 식탁에 둘러앉아 예쁘게 장식된 스테이크를 대접받는 모습이 보였습니다. 음식 재료는 잭프루트나 콩, 두부를 쓴 대체육이었는데 눈으로 보기에는 누가 봐도 소고기나 닭고기처럼 보였습니다. 같이 방송을 보던 아이들이 모두 먹어 보고 싶다며 한마디씩 했지요. 며칠 뒤 실제로 채식 식당에 함께 갔습니다. 채식 햄버그스테이크, 채식 카레, 채식 탕수육. 대체육이라고 말하지 않으면 우리가 흔히 먹는 스테이크나 탕수육과 같았습니다. 고기가 없으면 뭔가 허전하다는 아이들과 아주 만족스럽게 한 끼를 먹었습니다.

요즘 채식하는 사람이 늘어나고 있습니다. 기후변화 시대에 온실가스 배출을 줄이기 위해, 동물들과 함께 살아가는 세상을 만들기 위해, 몸 건강이나 살을 빼기 위해······. 채식하는 까닭은 다양하지만 목표는 같아요. 베네딕트 컴버배치Benedict Cumberbatch나 마크 러팔로Mark Ruffalo, 비욘세Beyonce, 임수정처럼 유명한 연예인들도 채식에 함께하고 있습니다. 넓은 뜻에서 채식주의자는 동물성 음식의 일부 또는 모두를 먹지 않는 사람을 뜻합니다. 그 가운데에서도 비건은 동물성 제품과 그 부산물을 완전히 먹지 않는 사람들입니다. 한국채식연합의 추정에 따르면 2022년 우리나라의 비건 인구는 무려 250만 명이나 됩니다. 식품의약품안전처가 확인한 비건 표시 식품도 2022년에 거의 500개에 이를 만큼 꾸준히 늘어나고 있고, 우리가 들으면 알 만한 식품 기업들도 비건 상품 생산을 늘리고 있습니다.

기후변화가 심각해지면서 고기 소비를 줄이고 채식 위주의 식단이 필요하다는 인식도 점점 커지고 있습니다. 고기를 만들 때 나오는 온실가스가 세계 온실가스 배출량의 11퍼센트나 됩니다. 2006년 유엔식량농업기구 FAO가 발표한 보고서 '축산업의 긴 그림자'에 따르면 전 세계 온실가스 배출량의 18퍼센트가 축산업에서 나온다고 합니다. 매연이나 나쁜 공기의 원인으로 떠올리는 교통수단의 온실가스 배출량인 14퍼센트보다 더 많은 수치죠. 자동차가 하루 평균 3킬로그램의 이산화탄소를 내뿜는 반면, 햄버거 한 개를 만드는 데는 5제곱미터의 열대우림이 사라지고, 75킬로그램의 이산화탄소가 배출됩니다.

고기를 생산할 때 온실가스가 많이 나오는 가장 큰 까닭은 공장식 축산이 일으키는 생태계 파괴 때문입니다. 아마존 열대우림을 개간해 소를 키우거나, 소가 먹는 사료인 옥수수나 콩을 키우는 대규모 농경지로 만듭니다. 우리가 잘 알다시피 열대우림은 '지구의 허파'라고 불리는 귀한 탄소 저장고입니다. 열대우림이 사라지면, 열대우림이 머금고 있던 탄소가 대기로 빠져나갈 뿐만 아니라 더는 탄소를 저장할 수 없게 됩니다. 심지어 열대우림을 개간할 때 단순 벌목이 아닌 태우는 방식을 쓰면 더 많은 탄소가 대기로 뿜어져 나가겠지요.

소고기 1킬로그램을 만드는 데 약 7~16킬로그램의 사료가 필요하다고 합니다. 그러니 고기 소비가 늘어나면 사료를 만들기 위한 경작지나 화학비료 사용도 늘어나지요. 1990년 이후 열대우림의 70~90퍼센트를 경작지로 개간하려고 불태웠고, 지금도 1초에 4,000제곱미터의 열대우림이 사라지고 있습니다. 개간하고 난 뒤 사료 작물을 키우는 과정에서도 온실가스는 나옵니다. 단일 작물을 큰 규모로 지으니 화학비료를 대량으로 쓰게 되고 화석연료를 쓰는 농기계도 바쁘게 돌아갑니다. 이 모든 과정에서 온실가스가 나오지요. 물론 소가 내뿜는 메테인methane 가스도 한몫하고요. 반추동물인 소가 먹은 풀을 장내 미생물을 통해 소화하는 과정에서 메테인이 발생하죠. 그러니 소와 같은 반추동물이 돼지나 닭보다 온실가스를 더 많이 발생시키는 것입니다.

이 문제는 이제 몇몇 연구자만이 고민해야 하는 이야기가 아닙니다. 기후변화에 대응하고 온실가스를 줄이기 위해 대만은 채식 위주의 저탄소 식단을 장려하는 기후 법안을 제정하고, 공공기관에서 교육하고 홍보하는 책임을 명시했습니다. 프랑스도 2021년 통과된 기후회복법에서 모든 학교가 의무적으로 최소 주 1회 채식 식단을 제공하도록 하고, 날마다 채식 음식을 포함할 것을 권고했습니다. 국제연합환경계획UNEP도 누리집에 '기후위기에 맞서기 위해 할 수 있는 행동 10가지 10 ways you can help fight the climate crisis'를 소개하면서 고기 섭취를 줄이고 식물성 음식을 많이 먹는 것이 온실가스를 줄이는 데 도움이 된다고 했습니다. 물론 심장병이나 뇌졸중, 당뇨병, 암과 같은 질환을 줄일 수 있다는 장점도 소개했고요. 실제로 코로나19 팬데믹 시기에 채식하는 사람들이 고기를 먹는 사람들보다 중증 질환에 걸릴 확률이 적다는 통계도 나왔습니다. 얼마 전 브라질 연구팀은 식물성이나 채식 위주의 식사를 하는 사람이 고기가 포함된 잡식성 식사를 하는 사람보다 코로나19에 걸릴 위험이 39퍼센트나 낮다는 연구 결과를 냈습니다.

그렇다면 지구의 모든 사람이 채식하면 어떻게 될까요? 2016년 옥스퍼드마틴스쿨Oxford Martin School에서 이와 관련된 실험을 했습니다. 첫 번째, WHO가 권장하는 식단에 따라 고기 섭취를 줄일 때, 두 번째, 고기와 생선을 먹지 않지만 우유나 달걀은 먹는 락토오보 Lacto-ovo 식단을 할 때, 마지막으로 비건 식단을 할 때, 이렇게 세 가지 시나리오를 써 본 것이죠. 그 결과 첫 번째인 권장 식단을 적용하면 식품 부문 온실가스 배출량이 29퍼센트나 줄었고 사망자도 510만 명 줄어들었습니다. 세 번째 비건 식단 시나리오에서는 온실가스가 60퍼센트 이상 줄었고, 사망자는 810만 명 줄어들었습니다.

2023년 네이처푸드 Nature Food 저널에 소개된 옥스퍼드대학 Oxford of University 의 연구에서는 채식이 환경에 미치는 영향을 구체적으로 담았습니다. 비건 식단을 하게 되면 하루에 100그램이 넘는 고기를 포함한 식단을 할 때보다 탄소배출, 수질오염과 토지 사용이 75퍼센트 적어진다고 합니다. 또한 생물다양성 파괴를 66퍼센트까지 줄이고 물 사용을 54퍼센트까지 줄일 수 있었습니다. 이 연구를 진행한 피터 스카버러 Peter Scarborough 교수는 인터뷰에서 말했죠.

"하루 100그램 이상 고기를 먹는 사람이 하루 섭취량을 50그램(햄버거 고기 패티 한 장 정도) 미만으로 줄이면 도로에서 자동차 800만 대를 없애는 효과가 있습니다."

그러나 문제는 온전한 채식이 우리에겐 여전히 어려워 보인다는 것입니다. 채식에 대해 선입견도 있겠지요. 탄소중립, 생태전환 교육에 애쓰는 선생님들과 학교급식에 월 1회 또는 주 1회 채식 급식을 도입하면 어떻겠냐고 이야기 나눈 적이 있습니다. 모든 선생님이 그 취지와 뜻에 공감했지만, 실제로 그렇게 하기는 쉽지 않다고 합니다. 채식 급식이 있는 날은 학생들이 아예 밥을 먹지 않거나 아주 적게 먹어서 그날은 음식이 많이 남는다고요. 어쩌면 채식 급식이 맛이 없어서라기보다 고기가 없는 식단에 대한 거부감일지도 모릅니다.

또 채식 위주의 식사를 준비하는 게 어렵다고 느껴질 때도 있습니다. 아무래도 채소를 조리하려면 다듬고 씻는 수고가 조금은 더 들어가니까요. 비건 식당이 많이 늘어나기는 했지만 여전히 부족하고, 선택할 수 있는 메뉴도 한정적이죠. 가격이 좀 더 비쌀 때도 많고요. 그렇지만 우리가 어떤 음식을 먹을지 선택하는 것에 따라 지구 평균기온을 더 빠르게 높일 수도, 기후위기를 늦출 수도 있다고 생각하면, 채식 위주의 식단으로 변화하려는 노력을 해봄 직합니다.

지난가을에 겪었던 일이 떠오릅니다. 아들이 달력을 보다가 갑자기 외할아버지 제사에는 꼭 가야겠다고 하더라고요. 녀석이 식구와 함께 움직이는 것을 슬슬 귀찮아하던 터라, 그 말을 듣곤 엄마 마음을 알아주나 싶어 슬쩍 왜냐고 물었습니다. 그런데 답을 듣고는 정말 어처구니없었어요. '고기를 많이 먹을 수 있어서.' 급식에서도 거의 날마다 고기가 나오고 집 반찬으로 안 먹는 것도 아닌데, 정말이지 아들의 고기 사랑은 어디까지인가 싶었지요.

엄마로서 변명을 조금 하자면, 아이들 외할머니가 해 주는 반찬이 제가 하는 반찬보다 훨씬 맛있긴 합니다. 그러니 명절이나 제사에 고기반찬을 떠올리는 것은 참으로 자연스러운 일이지요. 육전, 육적, 어적, 어전은 기본이고 집에 따라서는 갈비나 잡채도 어우러지지요. 우리 집도 간소하게 한다고는 하지만, 아이들이 좋아하는 동그랑땡이나 산적은 빠지지 않습니다. 생각해 보면 이렇게 고기가 많은 상을 차리지 않아도 되는데 말입니다.

얼마 전 성균관에서는 설이나 한가위 차례상과 제사상에 올릴 음식을 안내했습니다. 설날 차례상에는 떡국과 나물, 구이, 김치, 술 그리고 과일, 이렇게 네 가지 정도로 간단하게 지내면 된다고 했습니다. 성균관은 기름에 튀기거나 지진 음식은 꼭 올리지 않아도 되고, 전을 부치느라 고생하는 일은 그만두어도 된다며 식구와 함께 즐거운 분위기를 만드는 게 중요하다고 강조했습니다. 가만 보니 꼭 고기가 들어가지 않아도 충분한 차림으로 보입니다. 채수로 떡국을 끓이고, 연근이나 가지, 호박이나 두부로 구이를 만들고, 고사리나 도라지 나물을 무치면 맛있고 건강한 차례상을 만들 수 있습니다. 고기반찬이 아쉬운 식구들이 있다면 대체육으로 만든 갈비나 불고기를 곁들일 수도 있겠지요.

오늘 당장 '채식'으로 돌아서서 고기를 먹지 않는 것은 쉽지 않습니다. 하지만 고기 소비를 줄이려는 노력은 할 수 있습니다. 우리 조상이 절기에 먹었던 세시 음식들을 볼까요? 동지팥죽, 오곡밥, 대보름 나물, 부럼처럼 고기보다 채식이 많습니다. 명절 음식 가운데 고기가 들어간 음식 한 가지만 빼 보세요. 그것만으로도 지구는 생명을 더하고 우리 식구는 건강을 더하는 일이 될 수 있습니다.

기후를 알 권리,
기후 교육을 받을 권리

몇 해 전에 눈에 확 들어오는 기사를 봤습니다. 농촌 유학! 도시에 사는 아이들은 학교에서 체육 시간 말고는 밖에 나갈 일이 없기에 참으로 반가운 소식이었습니다. 코로나19로 학교도 잘 가지 못하던 때라 더욱 신이 났습니다. 갈 수 있는 지역은 어디인지, 집은 어떻게 마련할지 찾아보면서 이미 마음은 전라남도 어딘가의 들녘에 가 있었지요. 저녁에 집에 가서 아이들과 교육청 누리집을 함께 보며 이런 건 어떨까 한참을 얘기했던 기억이 납니다. 그러나 안타깝게도 실행에 옮기지는 못했어요. 아무래도 여섯 달 넘게 서울을 떠나 있으려면 저의 일터나 일감들, 바꾸고 양해를 구해야 할 게 많다는 사실이 발목을 잡았습니다. 그렇지만 여전히 농촌 유학이라는 말은 제 마음을 붕붕 떠오르게 합니다. 이제는 아이들이 해당 학년을 지나 버려서 제겐 해당 사항이 없지만, 이웃들에게 여건이 된다면 적극 고려해 보라고 말하기도 합니다.

마침 초등학생 자녀 둘을 키우는 이웃 활동가가 농촌 유학을 고민하길래 신청해 보라며 등을 떠밀었습니다. 그런데 웬걸, 그해에는 꼭 신청하겠다며 하던 일도 그만두고 준비했는데 서울시 예산 때문에 신청에 문제가 생겼다는 거예요. 무슨 말인가 싶었지만 대수롭지 않게 생각했습니다. 그런데, 이게 알고 보니 단순히 농촌 유학만의 문제가 아니더라고요.

서울시의회가 2023년 7월 5일 '서울특별시교육청 생태전환교육 활성화 및 지원에 관한 조례(아래부터 생태전환 조례)'를 폐지했습니다. 2022년 제정된 뒤 기후위기와 탄소중립 교육을 하기 위한 근거로 쓰였던 조례입니다. 서울시의회는 해당 조례가 '농촌 유학'만을 위한 조례처럼 쓰인다는 까닭을 들어 이 조례를 폐지하고, 환경 교육 조례를 개정하는 것으로 대신했습니다.

두 조례는 비슷하게 보이지만, 그 목적을 보면 많이 다릅니다. '서울특별시 환경 교육 지원 조례'는 "환경 교육 활성화 및 지원에 필요한 사항 등을 규정함으로써 시민 스스로 일상생활에서 환경보전을 실천할 수 있도록 여건을 조성하고 서울특별시의 지속가능한 발전에 기여함"에 목적이 있습니다. 반면 이번에 폐지된 생태전환 조례는 "서울특별시 소재 각급학교의 생태전환 교육에 필요한 사항을 규정함으로써 학생 등이 기후위기와 환경재난에 능동적으로 대응하고, 의식과 일상의 생태적 변화를 실천할 수 있도록 하여 지역사회의 지속가능발전에 이바지함"을 목적으로 둡니다. 차이가 보이나요? 조례의 목적에서 '기후위기'에 능동적으로 대처하고 생태적 변화를 이루고자 하는 의지가 빠진 것이지요.

생태전환 조례가 폐지된 것에 대해 당시 서울시 조희연 교육감은 "기존의 환경 교육은 환경보호의 관점이 강하지만, 서울시교육청의 생태전환 교육은 기후위기, 감염병 대유행, 종 다양성 감소 같은 상황에 대하여 사회 시스템적으로 접근하여 문제를 해결하려는 우리의 의지를 담고 있다. 이는 산업 문명에서 생태 문명으로의 문명사적 전환을 그 핵심으로 하고 있다"면서 유감의 뜻을 밝혔습니다. 사실 생태전환 교육이 기후위기 교육을 모두 대변하지도 않을뿐더러 그조차도 부족하고 바로잡을 것이 많이 있습니다. 하지만 기후위기 교육이 축소되는 것은 분명해 보입니다.

지난 2018년 인천 송도에서 열린 기후변화에 관한 정부간 협의체IPCC 총회장 앞에서 청소년 기후활동가들이 "《지구온난화 1.5℃》 특별 보고서를 채택하라"고 외쳤습니다. 총회에서 《지구온난화 1.5℃》 특별 보고서가 채택되자 이들은 그레타 툰베리의 '미래를 위한 금요일Fridays for Future' 운동에 이어 '기후를 위한 학교 파업School strike for climate'도 만들면서 청소년들의 기후행동을 이어 갔습니다.

한 활동가는 언론 인터뷰에서 청소년 기후행동이 왜 거리로 나왔는지를 물으니 "학교에서는 기후위기를 가르쳐 주지 않는다"고 말했습니다. 기후위기가 심각하다고는 말하지만, 에너지 절약이나 일회용품 줄이기 같은 개인 실천만으로 결론 내는 학교교육의 문제점을 지적한 것이지요. 그러면서 청소년들은 기후위기 교육을 강화할 것을 요구하며 교육청으로 행진했고, 교육청의 응답을 받아 냈습니다. 그러니 이번 생태전환 조례의 폐지는 지금까지 애써 온 시간을 없는 것으로 돌려놓은 셈이지요.

얼마 전 학교에서 돌아온 아이가 직접 만든 부채를 꺼냈습니다. 기후 교육을 받았다고 하더라고요. 반가운 마음이 들어서 의자를 바투 당겨 앉으며 어떤 이야기를 들었는지 물었습니다. 엄마의 직업병은 어쩔 수 없었지요. 아이가 뱉은 첫마디는 "뻔하지, 뭐"였습니다.

"기후위기가 심각하더라, 빙하가 녹더라, 그래서 우리가 할 수 있는 것들을 찾아보자, 에너지를 절약하자."

이것이 아이가 제게 다시 들려준 교육 내용입니다. 안타깝게도 이 내용을 전한 아이는 지금 중학생이고, 기후 교육 내용은 이미 초등학교 때 들었던 이야기였던 게지요. 부채를 만드는 '편안한' 시간이었다는 사실이 아이한테는 가장 의미 있어 보였습니다. 이야기를 나누는 내내 아쉬운 마음이 들었습니다. 아이 생각에도 '뻔한' 기후 교육 말고 더 다양한 기후 관련 이야기를 해 주었으면 얼마나 좋았을까 하는 고민도 들었지요.

사실 조금은 다른 기후위기 교육도 참 많습니다. 또 현장의 고민을 담은 멋진 교육도 많이 확장되고 있습니다. 한 인권 단체에서 개발하는 기후위기 교육 프로그램과 자료에 자문 요청을 받았습니다. 자료를 받아 보았는데 고맙다는 생각이 먼저 들었어요. 늘 탄소를 어떻게 줄일까에 집중되던 기후 교육과 다르게 기후위기의 불평등과 인권 문제도 함께 담아 주었더라고요. 이상기후는 전 세계에서 나타나고 있지만, 그 피해는 사는 지역과 경제 수준, 나이나 성별, 신체 수준에 따라 모두 다르게 나타난다는 것을 쉽고 깊게 고민해 볼 수 있는 자료였거든요.

제가 활동하는 단체의 기후 교육 활동가들은 일명 '예쓰', 예쁜 쓰레기를 만들지 않는 기후 교육을 지향합니다. 대개 학교에서 기후위기 교육이나 생태전환 교육을 외부에 의뢰할 때에는 재미있게 해 달라는 요청을 많이 합니다. 그러다 보니 만들기나 체험 행사를 선호하더라고요. 그래서 우리 단체는 만들기보다 퀴즈나 퍼즐, 보드게임 들을 활용해 즐거운 기후 교육이 가능하다고 담당 선생님들을 설득합니다. 또 기후위기의 원인이 '탄소'라고만 말하지 않고, 탄소가 배출되는 시스템을 이야기합니다. 개인의 실천도 필요하지만, 정치, 경제, 사회에서 전환이 꼭 필요하다고 함께 '행동'하자고도 이야기합니다. 모든 나라가 탄소 때문에 기후변화가 일어나는 것을 알고 있지만, 탄소를 실질적으로 줄이는 정책이나 제도를 마련하지 못합니다. 그 까닭을 짚어야 기후 문제를 해결할 수 있기 때문입니다. 개인이 텀블러를 사용하거나 분리배출을 잘하는 것만으로는 기후위기를 해결할 수 없기 때문이지요.

기후소송을 제기한 청소년기후행동 활동가들은 그들이 행동하게 된 계기와 지금의 마음을 이야기하는 것으로 기후 교육을 시작합니다. 현재를 살고 있지만, 미래를 더 많이 살아갈 주체로서 간절한 목소리를 담는 것이지요. 자기들 경험과 마음을 진술하게 나누는 내용이라서 울림이 있습니다. 그들의 목소리에 저도 참 많이 공감하고 감동하고 힘을 얻습니다.

IPCC가 발표한 기후변화 6차 평가 보고서에서는 1950년, 1980년, 그리고 2020년에 태어난 세대를 구분하여 그 피해 정도를 분석했습니다. 2020년에 태어난 사람들은 1950년 또는 1980년에 태어난 사람들보다 훨씬 더 많은 위기와 재난을 겪을 것이며, 그 재난을 조금이라도 낮추기 위해서는 지금부터 앞으로 십 년 동안 실천하는 기후행동이 중요하다고 명시하고 있습니다. 그 말은 재난의 원인이기도 하고 현재의 정책 결정에 더 많은 영향을 미치는 1950년 또는 1980년에 태어난 사람들의 책임이 더 많다는 뜻이기도 합니다.

1950년 또는 1980년에 태어난 사람들은 기후위기를 과거의 경험과 견주어서 느낍니다. 예전엔 꽃이 순서대로 피었는데 지금은 한꺼번에 피는구나, 옛날엔 이렇게 덥지 않았는데 지금은 왜 이렇게 더울까, 이런 경험에서 출발하지요. 그렇기 때문에 어쩌면, 이 변화가 위기라는 것을 설명하기가 쉽습니다. 하지만 2020년에 태어난 사람들에게는 견주어 볼 과거가 적거나 없습니다. 그냥 태어나 보니 기후위기 시대인 셈이지요. 기후위기를 체감하는 방법과 정도가 다르니 당연히 교육의 내용과 방법도 달라야 합니다. 저와 같은 기성세대는 내 삶의 모습을 바꿀 의무와 기후불평등을 해결하고 기후정의를 실현할 수 있는 사회의 모습을 만들어 갈 책임이 있습니다. 우리 아이와 같은 세대는 탈화석연료 시대를 살기 위한 삶의 모습을 준비하면서 기후재난으로부터 조금이라도 덜 위험한 지구를 만들라고 당당히 요구할 권리가 있습니다.

이런 차이는 세대만의 문제는 아닙니다. 얼마 전 돌봄 노동자들과 기후 이야기를 나눌 기회가 있었습니다. 이분들은 신체적으로 돌봄이 필요한 분들과 교감을 많이 하다 보니 기후위기를 더욱 심각하게 받아안고 있었습니다. 기후재난이 닥치면 가장 취약한 분들이 누구인지, 그들에게 어떤 것들이 필요한지 많이 고민했지요. 이분들의 관심사는 탄소를 어떻게 줄일까보다 그들이 돌보는 사람들을 잘 돌보기 위해 우리 사회는 무엇을 준비해야 하는가에 맞춰져 있었습니다. 돌봄 노동의 필요성이 더 많이 이야기되었지요.

건설 노동자분들과 만나는 자리도 있었습니다. 직업 특성상 폭염이나 한파를 가장 가까이서 경험하는 분들이었지요. 스스로 무엇을 대비해야 하는지, 회사에는 무엇을 요구할 수 있을지, 또 어떤 행동을 만들어 갈지 함께 생각을 나누었습니다.

이렇듯 기후위기 교육은 내 삶과 연관된 교육이어야 합니다. 아무리 심각하다고 말해도 그것이 내 삶과 동떨어진다면 심각함을 못 느낄 테니까요. 기후위기에 대해 생각하는 바를 나누고, 그것이 내 생활과 어떤 연관이 있는지 찾고, 나와 우리가 무엇을 바꿔야 하는지 머리를 맞대야 합니다.

다시 처음으로 돌아가 볼까요? 생태전환 교육의 목적과 마찬가지로 기후위기 교육은 '일상의 생태적 변화'를 위한 것으로 볼 수 있습니다. 심각함을 알아채게 하고 내 삶의 변화를 위해서 나와 우리가 알아야 하는 것과 해야 하는 역할을 진실하고 친절하게 알려야 합니다. 이것을 청소년들이 요구했고, 지금 시대에 마땅히 필요한 내용입니다. 그리고 이 교육은 정부와 지방정부, 그리고 공공교육에서 먼저 책임져야 합니다.

잠깐 눈을 감아 보세요. 나는 기후위기 교육을 받은 적이 있는지, 내 이웃도 받아 본 적이 있을지 생각해 보세요. 광고도 좋고 강연도 좋고 책도 괜찮습니다. 그리고 다시 한번 생각해 보아요. 혼자 스스로, 또는 우연히 알게 된 정보가 아니라 함께 듣고 머리를 맞댈 수 있는 자리를 만드는 걸 말이죠. 내 삶의 변화는 혼자보다는 둘이, 둘보다는 열이 함께 만들어야 더 힘이 납니다. 그 열이 모여 작은 마을을 바꾸고 큰 마을을 변화시킬 수 있으니까요. 가까운 학교나 도서관, 주민 센터, 또는 친목 모임처럼 어디든 기후위기 이야기를 나누는 자리를 만들어 보세요. 그리고 당당히 요구해요. 우리에게도 '진짜' 기후위기 이야기를 들려 달라고 말이죠.

'알아야 면장도 하지'라는 말이 있습니다. 알아야 담을 마주하는 답답함에서 벗어난다는 뜻인데요. 기후위기도 마찬가지입니다. 기후위기에 대해 함께 공부하면서 면장(免牆)을 해 보는 건 어떨까요.

- 면장(免牆): 담벼락을 대하고 있는 것과 같이 앞이 내다보이지 않는 상황을 면(免)한다는 뜻의 '면면장(免面牆)'을 줄인 말.

작은 도시 서울을
상상하다

두세 해 전, 서울에서 조금 벗어난 곳으로 이사해야겠다고 마음먹었습니다. 조그만 마당이 있고, 아이들이 다닐 학교가 가까이 있고, 서울을 오가는 대중교통이 편리한 곳. 우리 부부가 생각한 조건이었어요. 하지만 몇 군데를 돌아다니며 고민하다가 마음을 접었습니다. 생각했던 조건에 맞는 곳을 못 찾았냐고요? 아니요. 그런 곳은 생각보다 여럿 있더라고요.

우습게도 제가 마음을 바꾼 결정적인 까닭은 조건에 맞는 '집'과 제 '직장' 사이 거리 때문이었습니다. 저는 회사들의 일반적인 출근 시간인 오전 9시보다 한 시간 늦게 출근해도 되고, 퇴근 시간에 얽매이지도 않습니다. 그런데도 왕복 서너 시간을 '이동'에 써야 한다는 사실이 새삼스럽게 와닿았기 때문입니다. 아침에 아이가 학교 가는 모습을 보지 못하고 나가야 하는구나, 퇴근하고 오면 늦은 저녁밥도 함께하기 어렵겠구나, 깨달았지요. 지금 살고 있는 집과 직장이 자전거로 이삼십 분이면 오갈 수 있어서 그 차이가 훨씬 크게 느껴졌던 것 같습니다. 더군다나 그즈음에 아는 분이 겪었던 일이 제 결정에 큰 영향을 미쳤습니다. 아파트에 큰불이 났는데 아이와 연락은 안 되고 집까지 가는 데 한 시간 삼십 분 정도 걸려 매우 초조하고 답답했다는 거예요.

얼마 전 강연을 하러 갔을 때 일입니다. 강연이 끝나고 저를 초대했던 분이 점심 식사를 같이 못 한다며 미안해하셨죠. 저는 웃으며 괜찮다고 했고 그분과 같이 버스정류장까지 걸어갔습니다. 집에 있는 아이와 점심밥을 같이 먹어야 한다는 말에 그게 가능하냐고 물었어요. 집까지 걸어서 십 분 거리란 이야기를 듣고서야 고개를 끄덕였습니다. 막연히 집과 직장이 멀 거라고 생각했던 것에 머쓱해졌지요.

제가 그렇게 생각한 까닭이 있습니다. 제 주위만 둘러보아도 출근 시간이 한 시간 가까이 걸리는 사람들이 꽤 많으니까요. 실제로 2021년 서울시가 빅데이터로 인구 이동을 분석한 결과 서울 안을 오가는 이들의 평균 출근 시간은 45분, 경기도와 서울을 오갈 때는 평균 65.4분이 걸린다고 밝혔습니다. 다른 설문조사에서는 이보다 훨씬 많은 79분이라는 결과가 나온 것을 보면, 우리나라 사람들의 출퇴근 시간이 참으로 깁니다.

몇 해 전 영국 베드제드 BedZED라는 마을에 갔을 때, 수많은 마을 주민이 아침이면 같은 건물 1층 사무실로 출근하는 모습을 보았습니다. 정말 인상적이더군요. 우리나라에서 베드제드는 제로 에너지 마을로 잘 알려져 있습니다. 이 마을에서는 에너지를 많이 쓰지 않아도 시원하고 따뜻하게 지낼 수 있도록 건물을 설계했지요. 또 태양광이나 지열, 바이오매스 Biomass를 써서 에너지를 만들었습니다. 하지만 저는 베드제드의 건물 설계보다 건물과 시설을 지을 때 가까운 거리에 있는 자재를 썼다는 점, 주민 일자리를 만들었다는 점, 마을 안 주차장을 최소화하고 대중교통을 원활히 했다는 점, 주말마다 마을 장터를 연다는 점이 더 눈에 들어왔습니다. 그 가운데 집과 직장이 가깝다는 점이 가장 인상적이었고요. 아이를 키우는 양육자에게 출퇴근 시간을 아낄 수 있다는 건 엄

---

* 바이오매스: 햇빛을 화학 에너지의 형태로 저장한 유기물로 나무, 꽃, 풀, 가지, 잎, 열매, 뿌리 등 광합성으로 생성되는 모든 식물자원을 일컫는다.

청난 장점이니까요. 출퇴근에 쓰는 시간과 노력을 줄여 줄 뿐만 아니라 '에너지 소비'와 '탄소배출'을 줄이는 좋은 방법이기도 해요.

2020년 파리 시장 재선에 성공한 안 이달고 Anne Hidalgo 시장의 핵심 공약인 '내일의 도시 파리'에는 '15분 도시 파리' 계획이 담겨 있습니다. '15분 도시'는 걷거나 자전거로 15분 안에 갈 수 있는 거리를 하나의 생활권으로 정합니다. 도시 안 동네 주민끼리 길에서 만나기 쉽고, 함께 생활환경을 가꾸며 공동체를 만들 수 있지요. 마을에서 일터, 학교, 장보기, 운동, 구매와 나눔, 치료와 같은 것들을 주는 것이 목표입니다.

'15분 도시' 개념을 만든 카를로스 모레노 Carlos Moreno 교수는 이 도시의 핵심을 크게 세 가지로 꼽았습니다. 첫째, '시간'입니다. 출퇴근에 낭비되는 시간을 줄여 여유 있는 도시를 만들자는 거죠. 그렇게 하면 자동차와 차도는 줄이고 자전거와 인도는 늘릴 수 있으니까요. 둘째, '장소'입니다. 등교하고 출근한 뒤 집은 거의 비게 되고, 하교하고 퇴근한 뒤에는 사무실이 있는 빌딩은 텅 비게 되지요. 한 가지 용도로만 쓰는 건물은 비효율적입니다. 그래서 도시 공간을 재해석하려는 노력이 필요합니다. 학교나 공공건물을 주민 여가나 복지에 쓸 수 있는 것처럼 말이에요. 셋째, '장소에 대한 애정 어린

시각'이에요. 둘레 환경에 애정을 갖고 도시 안에 있는 자연과 생물 다양성 같은 요소를 생각해야 합니다. 15분 도시를 잘 들여다보면 가까운 거리 안에서의 교류는 늘어나고 지역 공간을 누릴 기회가 많아질 뿐만 아니라 환경과 건강을 지키는 데도 매우 유리하다는 것을 알 수 있습니다. 코로나19 같은 팬데믹이나 재난 상황에 더 빠르고 효율적으로 대처할 수 있고요. 집에 급한 일이 생기면 일터에서 얼른 달려가기도 쉬워질 테지요.

'15분 도시'를 선언한 뒤 작은 도시를 만들자는 움직임이 세계 곳곳에서 일어나고 있습니다. 캐나다 오타와도 '도시 삶의 질 개선과 유연하고 회복력 높은 매력적인 도시'를 만들겠다는 계획을 세우고 15분 도시 개념을 넣었습니다. 도시 공간을 기능적으로 혼합해 직주 근접(일터와 집이 가까운 것)뿐 아니라 공공 공간도 가까이 두었지요. 그러다 보니 빠른 이동 수단보다 걷는 환경 개선을 위한 정책에 초점이 맞춰졌습니다. 호주 멜버른도 개인이 일상생활을 위해서 기꺼이 걸을 수 있는 시간을 20분으로 정하고 '지역 중심의 삶-20분 동네'를 계획했습니다. 건강한 일상을 누릴 수 있는 도시를 만들기 위해 꾸준히 투자하기 시작한 것이죠.

스페인 바르셀로나는 도시 형태가 조금 특이합니다. 가로세로 400미터 규모를 하나의 구역으로 정한 뒤 그 안에서 모든 생활이 가능하도록 설계했으니까요. 걸어서 5분에서 10분이면 다양한 시설에 갈 수 있는 '작은 도시'를 만든 것입니다. 공공 공간을 유치하는 데 필요한 인구와 경제활동 밀도를 그대로 가져갔고, 주민 대비 기업 비율을 25퍼센트에서 30퍼센트 수준으로 적정하게 두었습니다. 이는 작은 도시 안에서 비옥한 생태계를 꾸리기 위한 기본적인 요소죠.

상상해 보세요. 걸어서 갈 수 있는 거리에 학교와 직장이 있는 모습, 오전 8시 30분에 집을 나서도 9시 출근할 수 있는 여유로움, 만원 지하철과 버스에서 시달리지 않아도 된다는 기대, 퇴근하면서 학교 운동장에 들러 한 바퀴 뛰어도 될 것 같은 편안함, 시장에 들러 장을 보아도 저녁 식사 시간에 맞출 수 있을 것 같은 건강함……. 여러 가지가 떠오르지 않으세요?

도시의 이런 움직임은 기후변화에 대응하려는 노력 가운데 하나입니다. 탄소배출을 줄이고 공동체 삶을 회복하고, 안전한 사회를 만드는 것이 주요 과제이죠. 도시 기후 리더십 그룹 Cities Climate leadership group(아래부터 C40)이 만들어진 배경만 보아도 도시의 기후변화 대응이 얼마나 필요한지 알 수 있습니다. C40에 속해 있던 40개 대도시가 배출하는 탄소량이 전 세계 배출량의 80퍼센트나 됐으니까요. 서울시와 경남 창원시를 비롯해 백여 개 도시가 가입한 C40은 온실가스 배출 감소가 에너지 비용을 낮추고 교통 혼잡을 해결하며, 더 좋은 공기와 물 공급, 건강에 도움이 된다는 것을 전하고 있습니다. 뿐만 아니라 도시와 개인의 노력을 이끄는 정책도 펼치고 있고요.

한때 경기도 김포시를 서울시에 편입하겠다는 소식으로 떠들썩한 적이 있습니다. 여당인 국민의힘이 김포시의 서울시 편입을 언급하면서 서울시장과 김포시장의 면담이 이루어지고 김포시장은 주민 간담회도 진행했지요. 그러자 서울시와 가까운 곳에 있는 광명시나 과천시에서도 서울 편입 이야기가 나왔습니다. 서울시는 인구 933만 명의 대도시입니다. 그러나 서울시 인구는 2010년 1,031만 명 이후 계속 줄어들어 메가시티Megacity의 기준이 되는 1,000만 명을 넘지 못하고 있습니다. 둘레 도시를 흡수해 메가시티가 되겠다는 구상도 이런 측면에서 나왔을지 모릅니다. 하지만 메가시티는 사회 기반이 서울에만 집중될 때 생기는 문제를 더 크게 만듭니다.

사실 우리나라의 '서울 사랑'은 한두 해 문제가 아닙니다. 서울로 몰리던 현상은 어느 순간 수도권까지 확장됐고, 선진국 가운데 최고 수준의 수도권 집중도를 자랑하게 되었습니다. 수도권에 우리나라 인구 약 50퍼센트가 살지만 서울과 경기, 인천을 다 합친 면적은 전체 국토의 고작 11.8퍼센트에 불과하지요. 결국 국토의 90퍼센트는 인구와 시설, 자원이 비어 있는 것입니다. 2021년 감사원은 우리나라 초저출산과 인구 소멸, 지방 소멸 문제의 원인이 수도권에만 초집중되는 현상 때문이라고 진단했습니다.

서울이 더 커지면 수많은 사회자원이 수도권과 서울에 더욱 몰리게 됩니다. 당연히 대기오염이나 교통 혼잡, 주택 문제와 같은 것들도 더 심각해지겠지요. 지금 흐름대로라면 2050년에 수도권에만 60퍼센트 가까운 인구가 살게 되고, 인구 과밀로 문제가 벌어질 것입니다. 출산율은 더욱 낮아질 것이며 주택, 교통과 관련된 문제로 삶의 질은 나빠질 것입니다. 지방은 소멸의 길로 빠르게 들어서겠지요.

그뿐인가요. 인구와 자원, 시설이 수도권으로 집중된다는 것은 다른 지역들이 피해를 본다는 것을 뜻합니다. 수도권의 편리함을 유지하기 위해 농어촌 지역은 전기 생산 기지로, 상품을 생산하는 공장 지대로, 관광을 위한 소비지로 쓰일 테니까요. 수도권으로 자원을 옮기려고 송전선과 도로를 건설할 테고 이 때문에 지역에서 피해를 보는 일은 많아질 것입니다.

지역균형발전이 필요하다는 목소리는 이미 오래전부터 나왔습니다. 공기업의 본사를 서울시가 아닌 지역으로 옮기고 행정 수도를 세종시로 옮긴 것도 지역균형발전을 위해서입니다. 하지만 여전히 우리나라의 수도권 집중은 해결하기 어려운 문제로 남아 있습니다. 특히 중소 도시, 농어촌과 같은 지방 도시가 갖는 다양성을 살리면서 이 문제를 해결하려면 시간과 공간의 적절한 설계가 필요합니다.

흔히 서울시와 경기도의 모양을 달걀프라이에 비유합니다. 달걀흰자는 경기도, 노른자는 서울시라고 합니다. 노른자가 흰자를 흡수해 커진다면 수도권 집중을 넘어 '서울 집중'으로 바뀔 것입니다. 지난 '2023 지방시대 엑스포 및 지방자치 균형발전의 날' 기념식에서 윤석열 대통령은 "중앙정부가 쥐고 있는 권한을 지역으로 이전시킬 것"이라고 하면서 국토 균형발전의 중요성과 필요성에 대해 말했습니다. 전날에는 대통령 직속 지방시대위원회가 지방분권과 균형발전에 초점을 맞춘 '지방시대 종합계획'을 발표했고요. 이런 가운데 김포시의 서울 편입은 그 가치에 못 미치는 내용입니다. 신중하지 못한 말이 얼마나 큰 무게와 영향력을 가질 수 있는지 우리는 되돌아보아야 합니다.

영화감독이자 작가인 시릴 디옹 Cyril Dion은 자신의 책 《작은 행성을 위한 몇 가지 혁명》(권지현 옮김, 갈라파고스)에서 "새로운 이야기가 실현되는 공간으로 도시가 가장 적합하다"고 말합니다. 그리고 이렇게 제안했지요.

"우리는 꿈꿀 필요가 있다. 어떤 집에서 살지, 어떤 도시에서 살아갈 수 있을지, 어떤 방법으로 이동할 수 있을지, 어떤 방법으로 식량을 생산하고, 함께 살아가며 함께 결정하고, 다른 생명체들과 지구를 공유할 수 있을지 상상할 필요가 있다."

서울시만 커지는 세상에서 우리는 시간과 공간을 적합하게 설계하기 어렵습니다. 우리도 걸어서 15분이면 갈 수 있는 도시 공간에서 우리 지역 농산물과 생산품을 얻고, 학교와 일터를 오가고, 초록 공간에 머물며 여유로울 수 있는 상상을 해 봅시다. 초등학교 때 했던 상상 그림 그리기 대상이 주로 해저 도시나 우주 도시였다면, 이제는 작은 도시에서 함께 풍요로움을 누리는 상상을 그려 보아도 좋겠습니다.

순환경제 사회의 키워드,
수리할 권리

    센 바람에 우산이 훌러덩 뒤집어졌습니다. 얼른 제자리로 돌려놓는다고 했는데도 집에 와서 보니 우산살 두 개가 부러졌더라고요. 다시 사용하기는 어려울 것 같아서 버리기로 했는데, 여기서부터 난감했습니다. 우산을 버리는 방법을 도통 모르겠는 거예요. 천, 금속, 플라스틱처럼 다양한 재료가 섞여 있는 우산을 분리배출함에 넣는 건 당연히 틀린 방법일 것 같고, 그렇다고 가구나 헌옷처럼 별도로 수거하는 품목도 아니고요. 아파트 관리사무소에 물어보니 그냥 일반 쓰레기봉투에 버려야 한다고 했습니다. 그러나 다시 난감했어요. 우산이 쓰레기봉투에 들어갈 리가 없거든요. 결국 가장 큰 쓰레기봉투를 사서 한쪽 옆에 잘 꽂아서 내보냈습니다. 그러다가 나중에 알았지요. 우산을 고칠 수 있는 곳이 있다는 사실을요.

　제로 웨이스트 Zero waste(모든 제품이 재사용될 수 있도록 하며 폐기물을 방지하는 원칙) 가게에서 운영하는 '수리상점 곰손'은 우산이나 옷, 깨진 도자기 그릇 등을 수선해 주거나 스스로 수선하는 방법을 알려 주는 워크숍을 열기도 합니다. 또 우산을 모아서 천과 우산대, 우산살로 분리하고 모은 뒤 수리가 필요한 우산을 고치는 데 사용하여 헌 우산을 거의 새것으로 재탄생시키고, 판매하기도 합니다. 제가 직접 우산을 '제대로' 버리려면 재질이 다른 것들을 모두 분리하는 데 큰 수고가 필요하거니와 어렵기도 합니다. 그래서 저는 집에서 버릴 우산을 추려 상점에 보내 수선에 필요한 부품을 충당하는 데 기여하기로 했어요.

　우산을 수리해서 새것으로 만든다는 소식을 접하면서 옛날 기억 하나가 떠올랐습니다. 고등학교 때 정말로 애지중지하던 미니카세트가 고장이 났어요. 날마다 가방 속에 넣어 다니면서 라디오와 음악을 들을 수 있게 해 주던 친구 같은 가전제품이었지요. 동네에 있는 '만물 수리점'에 가지고 갔더니 큰 고장이 아니라며 작은 드라이버 하나로 뚝딱 고쳐 주었습니다. 고등학생이 물건을 소중하게 여기는 마음이 예쁘다면서 수리비도 받지 않으셨지요. 그 뒤로도 이 미니카세트는 두 해가 넘는 시간을 저와 함께 했습니다.

그런데 요즘엔 이런 '만물상'을 찾아보기 어려워졌어요. 선풍기든 텔레비전이든 고장이 나면 뚝딱뚝딱 고쳐 주던 만물상이요. 어느 제조사인지 따지지 않고 분해하고 부품을 맞추고 다시 조립해 주던 곳이지요. 신기하게도 그곳엔 없는 게 없고, 못 고치는 게 없었어요.

얼마 전에 사용하던 노트북이 고장 났습니다. 잘 나오던 화면이 자꾸만 꺼졌다가 켜졌다가 하더라고요. 동네에 만물상은 없으니, 사용하는 노트북 제조사 서비스센터를 검색합니다. 집에서 버스를 타고 이십 분쯤 가야 있더라고요. 일찌감치 예약을 하고, 도착해서 번호표를 뽑고, 친절한 수리기사님의 설명을 들었지요. 문제는 예상을 웃도는 수리비였어요. 순간 새 노트북을 살까 고민했지만, 그래도 비용을 내고 수리하는 방법을 선택했습니다. 새 노트북을 사는 것보다는 수리비 부담이 나았으니까요.

때로는 고쳐 쓰기보다 새 물건을 사는 게 나을 때도 있습니다. 대표적인 것이 휴대폰이지요. 배터리가 방전이 빨리 된다거나 액정이 깨진다거나 고장이 나면 누구나 한 번쯤 새 것으로 바꾸는 것을 고민합니다. 비용을 약간 더 부담하더라도 새로운 기능과 새로운 디자인의 휴대폰에 욕심이 생기기 때문이지요. 그래서 휴대폰 가격은 100만 원이 훌쩍 넘는 것이 많지만, 휴대폰 수명은 두 해 남짓인 경우가 많습니다. 만약에 내가 직접 고쳐 쓸 수 있다면 어떨까요?

미국은 오랫동안 '수리할 권리'를 법으로 보장하는 것에 대해 논란이 있었습니다. '수리할 권리'는 IT기기나 가전제품, 기계 들을 만드는 회사들이 의무적으로 정품 부품을 판매하고 수리 설명서를 제공해서 소비자가 원하면 언제든 서비스센터를 거치지 않고 직접 수리할 수 있도록 하는 법안입니다. 2020년 미국에서 이 내용을 담은 법안에 찬성하는지 조사해 보았는데, 전체 응답자의 74.5퍼센트가 찬성한다고 답했습니다. 그 뒤로 미국에서는 캘리포니아, 미네소타, 오리건을 비롯한 많은 주 정부가 '수리할 권리'를 법으로 정했습니다. 콜로라도주에서는 '농업 장비 수리에 대한 소비자 권리법'을 만들어 농기계 제조사들이 수리에 필요한 설명서를 소비자에게 주어야 한다는 내용을 담기도 했습니다. 이 법이 제정되기 전에 농민들은 트랙터나 콤바인이 고장 나면 제조사의 수리 기사가 올 때까지 기다려야 했지만, 이제는 농민들이 직접 장비를 고칠 수 있게 되었습니다.

프랑스는 한발 더 나아가 전자제품과 의류에 수선비를 지원하기 시작했습니다. 프랑스는 2020년 '순환경제를 위한 낭비방지법'을 제정하고, 2021년부터는 '수리가능성 지수 repairability index'를 표시할 것을 의무화했어요. 수리가능성 지수는 수리를 위한 정보 제공이나 수리 편리성, 난이도, 부품 공급의 원활과 부품 가격 같은 기준에 1점부터 10점까지 점수를 매기는 방식입니다. 휴대폰과 노트북, 텔레비전, 세탁기처럼 많이 사용하는 품목에 표시하는데, 이를 통해 전자제품의 수리 비중을 60퍼센트 이상으로 높이는 것을 목표로 합니다.

수리할 권리는 말 그대로 우리가 이용하는 물건을 수리할 수 있는 권리입니다. 하나의 제품을 오래 사용할 수 있도록 하는 시스템 가운데 하나인 것이지요. 오래 사용한다는 것은 쓰레기를 줄이는 효과부터 생산을 줄이고 자원 채굴을 줄이는 효과를 가져옵니다. 이렇듯 순환경제를 뒷받침하는 수리권은 상당히 포괄적인 의미를 갖게 됩니다. 소비자가 법적 보증기간 내에 '수리받을' 권리와 소비자 스스로 제품을 더 오래 사용할 수 있도록 '수리할' 권리를 포함합니다. 이를 위해서는 제품을 생산할 때부터 수리하기 쉽게 설계하고 디자인해야 합니다. 실제로 EU가 2009년 채택한 '에코 디자인 지침'은 제품 사용과 폐기까지 전 과정에서 친환경성을 최우선

원칙으로 하여 제품을 설계하도록 하고 있습니다. 또 언제 어디서나 수리가 가능하도록 열려 있어야 합니다. 제조업체의 수리 센터가 아니라, 다른 곳에서도 고칠 수 있어야 하고, 필요한 부품은 언제든 쉽게 구할 수 있어야 합니다. 더 나아가 수리가 쉽고 튼튼한 제품을 쓸 수 있어야 합니다.

'계획적 진부화'라는 말이 있습니다. 기업에서 새로운 상품을 더 많이 팔아 이윤을 남기려고 상품을 만들 때 일부러 상품 수명을 짧게 하거나 개발을 진부화하는 것을 말합니다. 대표적인 사례는 백 년 전으로 거슬러 올라갑니다. 1924년 전 세계 전구 제조업체 대표들이 스위스에 모였습니다. 오스람Osram, 필립스Philips, 지이GE 같은 내로라하는 전구 회사들이 다 모였지요. 이 자리에서 이들은 전구의 수명을 줄이기로 합의합니다. 원래 1,500~2,500시간 사용이 가능했던 전구의 수명은 그 뒤로 1,000시간으로 줄었습니다. 이들은 서로 샘플을 검사해서 1,000시간이 넘는 전구가 있으면 벌금을 물리기도 했습니다. 이 밖에도 프린터 제조업체가 잉크 수명을 의도적으로 짧게 해 교체 주기를 조작했다거나, 휴대폰 회사가 새 제품을 낼 때마다 소프트웨어 업데이트를 해서 기존 기기를 못 쓰게 한다거나 하는 사례가 이에 해당합니다.

최근 계획적 진부화가 두드러지게 나타나는 상품은 스마트폰입니다. '새로움'이 오히려 진부화의 기능을 하게 된 사례지요. 최신 제품에 더 멋진 디자인과 기능을 기대하게 하면서 불필요한 소비를 늘리는 것입니다. 실제로 더 나은 기능인지 따져 보지 않고 새로운 것에 현혹되는 것이지요. 소비자의 부담을 줄인다는 명목으로 이동통신사들은 새로운 스마트폰과 연계한 요금제를 출시하기도 합니다. 이런 일이 되풀이되다 보니 우리나라의 핸드폰 교체 주기는 평균 33개월에 불과합니다. 전 세계 평균인 43개월보다도 훨씬 빠릅니다. 또한 제품 설계 단계에서부터 수리를 어렵게 만들어 빨리 교체할 수밖에 없게 만든 경우도 있습니다. 휴대폰 배터리를 분리할 수 없게 하거나 메모리를 추가할 수 없게 하는 것이 대표적인 예입니다.

휴대폰과 같은 전자 쓰레기는 납이나 망간, 다이옥신 같은 유독성 화학물질을 대량으로 품고 있어 피해가 큽니다. 건강과 생태계에 악영향을 미치지요. UN의 '전 세계 전자제품 쓰레기 모니터링 보고서'에 따르면, 전 세계에는 이런 전자 쓰레기가 2019년 기준 약 5,400만 톤이나 됩니다. 이는 에펠탑 5,400개에 해당되는 무게로, 만리장성을 쌓을 수도 있는 양입니다. 우리나라가 배출한 양은 약 82만 톤으로, 1인당

15.8킬로그램이나 됩니다. 1인당 배출량의 세계 평균이 7.3킬로그램인데 이와 견주면 두 배가 넘는 양이지요.

전자제품은 쓰레기로 배출되는 것도 문제지만, 생산 과정에서도 많은 문제를 안고 있습니다. 휴대폰 부품에 들어가는 '콜탄coltan'이 가장 많이 매장된 나라는 콩고로 전 세계 콜탄의 70~80퍼센트가 매장되어 있습니다. 사람들이 콜탄을 찾아 콩고의 숲을 파괴하고 야생동물을 마구잡이로 사냥하면서 숲에 살던 고릴라는 서식지를 잃었습니다. 휴대폰과 노트북처럼 콜탄을 꼭 써야 하는 산업이 발달하면서 생산이 늘자, 가격이 치솟았고, 콩고에서 콜탄 생산은 계속 증가했습니다. 이 과정에서 콜탄을 채굴하는 주민들은 원시적인 노동에 혹사당하기도 하고 붕괴되는 갱도에서 사망하는 사고를 당하기도 했습니다. 우리의 생활을 편리하게 해 주며 이제는 없어서는 안 될 전자제품 이면에는 이렇게 생태계 파괴와 오염, 생물 멸종, 노동 착취가 연결되어 있습니다.

국회 앞에는 '기후위기 시계'가 있습니다. 산업화 이전(1850~1900년)과 견주어 지구 평균기온이 1.5도 상승하기까지 남은 시간을 나타내는 시계로 2024년 말 기준으로 우리에게는 5년도 채 남지 않았습니다. 기후위기 시계를 늦추기 위해서는 실로 '거대한 전환'이 필요한데, 그 가운데 중요한 것 하나가 '순환경제'입니다. 지구 생태계는 한계가 있음을 인정하고 이윤을 위한 경제성장 사회에서 벗어나 지속가능한 사회로 나아가는 것입니다. 이를 위해서는 적정 생산과 소비가 필요합니다. 생산과 소비가 많을수록 자원과 에너지가 더 많이 소비되고, 이는 지구 생태계 파괴와 자원 착취에 기반하게 됩니다. 그리고 그만큼 많은 쓰레기를 배출하며 생태계에 수많은 발자국을 남깁니다.

수리할 권리는 기후위기를 유발하는 '온실가스'와도 연결되어 있습니다. 전자제품을 수리해 오래 사용할수록 온실가스 배출량을 줄일 수 있는 것은 당연한 일입니다. 유럽환경국EEB은, EU에서 사용되는 모든 스마트폰의 수명을 한 해 연장하면 2030년까지 이산화탄소 배출량을 해마다 210만 톤 줄일 수 있다고 밝혔습니다. 또한 스마트폰과 노트북 같은 전자제품의 수명을 5년 연장하면 2030년까지 해마다 1,000만 톤 정도를 줄일 수 있다고 분석했습니다. 이는 한 해 동안 자동차 500만 대를 없애는 것과 같은 효과입니다.

우리나라는 지난 2023년 '순환경제 사회 전환 촉진법'을 만들어 수리받을 권리를 보장하는 내용을 담았습니다. 하지만 수리할 권리에 대해서는 아직 구체적인 내용이 부족합니다. 특히 수리권이 특정 제품에만 적용된다거나 순환경제와 수리권의 연관성을 고려하지 못한 한계도 있습니다. 수리할 권리는 단순히 수리를 받을 수 있는 소비자의 권리에만 그치지 않습니다.

우리가 사는 자본주의 사회는 더 많은 물건을 생산하고 소비하면서 '성장'을 만들어야 유지되는 사회입니다. 하지만 수리권은 성장보다는 '지속가능성'에 초점을 맞추어 제품의 생산과 소비를 전환하는 노력입니다. 분리배출을 하자거나 다회용 물품을 사용하자 같은 개인 실천을 넘어서서 생산에 의존하는 생활 방식을 바꾸는 것이기도 합니다. 제품을 오래 사용하는 것은 환경과 생태계를 지키는 일이기도 하고, 온실가스를 줄이고 기후위기를 해결하는 방법이기도 하며, 순환경제를 만드는 핵심 과제이기도 합니다. 이제, 우리 수리할 권리를 요구합시다.

누가 고래 뱃속에
플라스틱을 넣었나

2015년 충격적인 영상이 전 세계에 퍼졌습니다. 코에 플라스틱 빨대가 꽂힌 채 고통스러워하는 바다거북의 모습이었습니다. 피 흘리는 바다거북을 본 사람들은 플라스틱 사용을 줄여야 한다는 목소리를 내기 시작했습니다. 이뿐만이 아닙니다. 2023년 우리나라 서해에서 발견된 새끼 보리고래 사체를 부검했더니 뱃속에서 플라스틱 병뚜껑 같은 다양한 플라스틱이 나왔습니다. 하와이 앞바다에서 발견된 향유고래 사체에서 통발, 어망, 낚싯줄 따위 해양 쓰레기가 무더기로 나왔던 적도 있습니다. 이렇게 해양 생물에게 플라스틱 쓰레기가 발견되는 일은 안타깝게도 이제 흔한 일입니다.

전 세계 해양 플라스틱 쓰레기는 해마다 약 1,000만 톤씩 늘어, 플라스틱 오염이 점점 더 심각해지는 상황입니다. 일본 통계청은 2050년에는 바다에 버려지는 플라스틱 쓰레기 양이 바닷속 물살이의 양보다 많아질 것으로 예측했습니다. 그러니 바다를 터전으로 살아가는 거의 모든 생물종은 플라스틱 오염의 영향을 받을 수밖에 없습니다. 바다거북이나 고래가 플라스틱을 먹거나, 플라스틱 그물에 걸리는 일처럼 직접 영향을 받기도 하고, 미세 플라스틱으로 해양 생태계가 교란되는 일처럼 간접 영향을 받기도 합니다. 미세 플라스틱은 해양 생물의 먹이가 되어 번식과 성장에 영향을 미칩니다. 심지어 사망이나 기형의 원인이 되기도 합니다. 어패류나 해조류 들에 흡수된 미세 플라스틱을 사람이 먹을 경우 건강에 나쁜 영향을 미치기도 하지요.

틸라푸쉬섬Thilafushi Island에 대해 들어보셨나요? 태평양 한가운데 있는 섬나라 몰디브 정부가 쓰레기 섬으로 지정한 곳입니다. 하루 330톤이 넘는 쓰레기가 바다를 통해 흘러오는 몰디브는 이 쓰레기를 처리하기 위해 결국 섬 하나를 쓰레기 매립지로 만들었습니다. 쓰레기는 대체로 썩지 않는 플라스틱이기 때문에 틸라푸쉬섬의 면적은 하루 1제곱미터씩 늘어납니다. 플라스틱을 처리하며 발생하는 유독가스가 섬을 뒤덮고 있지요.

미국의 휴양지 하와이 해변도 바다에서 떠내려온 플라스틱으로 몸살을 앓고 있습니다. 이삼십 년 전에 한국에서 만들어진 플라스틱 통이 발견되는 일도 흔해졌습니다. 썩거나 분해되지 않고 바다를 떠다니다가 어느 순간 육지에 밀려든 것이지요. 무인도에 떨어지면 바다에 밀려온 플라스틱 쓰레기를 유용하게 사용할 수 있을 것이라는 농담이 그냥 웃어넘길 일이 아닙니다.

플라스틱 오염은 이제 세계 문제가 되었습니다. 1950년에 약 230만 톤이었던 전 세계 플라스틱 생산량은 2015년 기준 4억 5,800만 톤이나 되었습니다. 연간 플라스틱 생산량이 10~15년마다 두 배로 늘어나고 있는 것이지요. 국제연합환경계획UNEP과 경제협력개발기구OECD는 지금 같은 증가 속도가 변함없이 이어질 경우 2050년까지 해마다 12억 톤이 넘는 플라스틱이 만들어질 것으로 보았습니다. 일회용 플라스틱이 크게 늘고 있어서 쓰레기 양도 더 빠르게 늘어날 것이라고 우려를 표했습니다.

지금 바로 내 주위를 돌아보세요. 플라스틱이 얼마나 있나요? 내가 지금 입고 있는 옷, 내가 사용하는 컴퓨터, 컴퓨터가 놓인 책상, 불을 비춰 주는 전등, 간식이 놓인 쟁반과 과자

봉지……. 그 어떤 것에도 플라스틱이 쓰이지 않은 곳이 없습니다. 플라스틱은 어느 순간 우리 생활에서는 없어서는 안 될 것이 되었고, 그 사용도 빠르게 늘었습니다.

플라스틱 소재는 코끼리의 상아를 대체하려고 개발되었습니다. 당시 당구공을 코끼리 상아로 만들었는데 코끼리 개체 수가 줄면서 이용이 힘들어졌거든요. 당구공을 만드는 기업은 상아를 대체할 수 있는 소재를 찾는 사람에게 상금 1만 달러를 걸었습니다. 1868년에 미국의 과학자 존 하이엇John Wesley Hyatt이 상아처럼 매끈하고 단단한, 그러나 가볍고 가공이 손쉬운 재료를 개발하는 데 성공하지요. 이것이 바로 플라스틱의 원조, 셀룰로이드celluloid입니다. 그 뒤 셀룰로이드는 다양한 방식으로 가공되어 지금의 플라스틱처럼 여러 가지 재료와 모양으로 탄생하게 됩니다. 코끼리 상아를 대체하며 동물 보호의 역할로 탄생한 고마운 플라스틱이 어쩌다가 생태계를 파괴하는 물질이 되었을까요?

플라스틱plastic의 어원은 '원하는 모양으로 가공할 수 있다'는 뜻의 그리스어입니다. 그만큼 플라스틱은 그 가공 방법이나 모양이 매우 다양합니다. 식품 용기나 기능성 의류, 방진 마스크 같은 것에 널리 쓰이는 폴리프로필렌PP, 우유병이나 영유아 장남감에 사용하는 고밀도 폴리에틸렌HDPE, 천연

섬유를 대체하는 폴리에스테르, 플라스틱 병의 대표 주자인 페트PET, 가볍고 강도가 강해서 오토바이 헬멧이나 여행용 가방, 건축재 들에 사용하는 폴리카보네이트PC, 고무대야나 랩, 호스 들에 사용하는 폴리염화 비닐PVC……. 다 알기도 어렵습니다. 하지만 그만큼 플라스틱이 여러 형태로 가공되어 우리 생활에 밀접하게 사용된다는 의미이기도 합니다.

이렇다 보니 인류의 플라스틱 사용은 결국 '인류세人類世' 논의의 중심에 서기도 했습니다. 인류세는 인류의 활동이 지구환경에 전례 없는 변화를 가져올 정도로 지질이나 생태계에 미친 영향이 크다는 사실에 주목하여 제안된 지질 시대의 구분 방법 가운데 하나입니다. 대표적인 특징으로 지구변화, 생물다양성 손실, 화석연료나 핵실험에 의한 방사능 물질을 꼽습니다. 그리고 인류세를 대표하는 화석으로는 앞서 말한 플라스틱이나 콘크리트, 그리고 닭 뼈가 있습니다.

인류의 상징이 된 여러 가지 플라스틱들의 공통점은 바로 석유를 원료로 한다는 것입니다. 원유를 가열하여 추출하는 과정에서 생산되는 나프타naphtha라는 물질에 여러 반응을 더하면, 그 반응 방식에 따라 다양한 플라스틱 재료가 만들어집니다. 나프타를 분해하는 과정에서 이산화탄소를 비롯한 대기오염 물질이 아주 많이 생겨나지요. 석유라는 자연 물질이 원료이지만, 플라스틱은 화학적 가공을 거쳐 대표적인 '인공 물질'이 되고, 썩지 않고 분해되면서 지구 생태계를 위협하는 대표적인 '재앙'이 되었습니다.

우리가 플라스틱을 생각할 때 가장 먼저 떠올리는 것은 분리배출입니다. 즉 폐기 단계에서 잘 처리하는 것을 생각하는 것이지요. 하지만, 플라스틱을 생산하는 단계의 문제도 매우 큽니다. 석유를 원료로 하기 때문이지요. 대표적인 화석연료인 석유는 원유를 채굴하고 추출·가공하고 소각·매립·분해하는 전 과정에서 온실가스가 엄청나게 발생합니다. 플라스틱은 기후위기를 가속하는 온실가스 배출원입니다.

미국 로렌스 버클리 국립연구소LBNL의 연구에 따르면, 2019년 플라스틱 생산으로 22억 4,000만 톤의 탄소를 배출했는데, 이는 항공산업의 두 배 이상, 석탄화력발전소 600기에 이르는 양입니다. 플라스틱 1톤을 생산할 때 온실가스가 대략 5톤이 발생합니다. 이는 전 세계 총 온실가스 배출량의 5.3퍼센트 정도입니다. 분리배출과 재활용을 잘하면 괜찮지 않을까 기대하지만, 안타깝게도 플라스틱산업에서는 온실가스 배출량의 90퍼센트가 생산 단계에서 발생합니다. 재활용되는 플라스틱은 전체의 약 9퍼센트밖에 되지 않지요. 이것이 바로 생산 단계에서 플라스틱을 규제해야 하는 까닭입니다.

그러다 보니 UN은 플라스틱 오염과 온실가스 배출 감축을 위해 플라스틱을 줄이는 국제 협약을 만들기 시작했습니다. 2024년 11월, 부산에서 UN 국제 플라스틱 협약 제5차 정부간협상위원회INC-5 회의가 열렸지요. 이 회의는 미세 플라스틱을 포함한 모든 플라스틱 오염의 규제 및 저감뿐 아니라 전 세계에서 장기적으로 플라스틱 오염을 끝내는 것을 목표로 합니다. 폐기물 관리 개선, 자원 효율성 향상, 순환경제를 포함한 지속가능한 플라스틱 생산 및 소비의 모든 측면을 통해 플라스틱을 감축해 나가고자 했습니다. 또한 플라스틱 원료 및 제품의 재사용, 재생산, 재활용을 위한 지속가능한 제품 디자인과 폐기물 최소화를 위한 일회용 플라스틱 대응을 강화하는 내용도 논의 과정에 포함했습니다. 국내외 시민사회 역시 플라스틱 감축을 위한 강력한 합의를 요구했습니다.

하지만, 합의는 쉽지 않았습니다. 가장 큰 쟁점은 플라스틱의 원료인 폴리머polymer의 생산을 규제하는 문제였습니다. 노르웨이와 르완다를 의장국으로 한 '플라스틱 오염 종식을 위한 우호국 연합HAC'은 플라스틱 제품 생산 단계에서부터 폴리머 생산을 감축한다는 입장을 내었으나, 사우디아라비아처럼 산유국이거나 석유화학산업이 중심인 국가들이 모여 출범한 '플라스틱 지속가능성을 위한 국제연합 GCPS'은 생산에 대한 규제보단 재활용, 폐기물 관리 단계에 집중해야 한다고 강하게 주장하며 생산 규제에 반대했습니다. 반대하는 국가들은 회의 이전에도 다른 국가들에게 여러 가지 로비를 이어 갔습니다.

이번 협약의 개최국이었던 우리나라 상황도 매우 우려스럽습니다. 우리나라는 세계 4위의 플라스틱 원료 생산국인 동시에, 1인당 플라스틱 쓰레기 발생량이 2020년 기준 연 88킬로그램으로, 미국과 영국에 이어 세계 3위입니다. 그린피스 Greenpeace는 한 조사 보고서에서 한국의 플라스틱 원료(1차 폴리머) 생산 능력은 연간 1,992만 메트릭톤 M/T으로 일본과 대만을 합친 양과 맞먹는다고 밝혔습니다. 이 때문에 발생하는 온실가스도 해마다 4,955만 메트릭톤(CO_2e, 이산화탄소 환산량)이나 됩니다.

그러나 우리나라의 플라스틱 규제 정책은 거의 없습니다. 많은 시민들이 필요하다고 인정하는 '일회용 컵 보증금 제도'조차도 전국으로 확대하는 것을 미루고 있으니까요. 기업이 생산한 플라스틱은 폐기까지 스스로 책임지게 한다는

'생산자 책임 재활용 제도' 역시 후퇴하고 있습니다. 규제는 커녕 오히려 생분해성 플라스틱 같은 대체제를 통해 석유화학산업을 계속 지원하겠다는 방안을 내놓기도 합니다. 그러면서 국민들에게는 플라스틱 문제점을 홍보하면서 다회용기 사용, 장바구니 사용을 장려합니다.

"일회용품 사용을 줄일게, 비닐봉지 대신 장바구니를 쓸게, 일회용 플라스틱 컵 대신 개인 물병을 이용할게, 플라스틱은 꼭 분리배출 할게, 플라스틱 비닐로 과대 포장된 제품은 사지 않을게."

많이 들어 본 실천 목록이지요? 지난 2019년 국립생태원이 '바다거북과 플라스틱' 기획전을 열었습니다. 이 전시는 무분별한 플라스틱 사용이 어떤 문제를 일으키는지 알려 주고 바다거북을 통해 생태계의 현실을 보여 준다는 기획이었습니다. 그 시기 우연히 국립생태원에 갔다가 전시를 보게 되었는데, 아기자기한 그림과 다양한 조형물이 퍽 인상 깊었습니다. 그러나 이 전시를 다 본 다음 내가 할 수 있는 약속 다섯 가지 중 하나를 본인의 에스엔에스SNS에 올리면 추첨을 해서 선물을 주겠다는 이벤트는 오히려 아쉬웠습니다. 마치 개인의 실천만으로 플라스틱과 해양오염 문제를 해결할 수 있는 것처럼 오해할 수 있어 보였거든요.

개인의 실천도 중요하지만, 그보다 앞서 필요한 것은 플라스틱 생산과 일회용품 사용을 규제하는 정책입니다. 규제의 필요성을 국민들에게 알리고 설득하고 동참할 수 있도록 하는 적극적인 노력입니다. 불편함을 감수하는 '나'의 노력에 기대는 것이 아니라, 지구 생태계와 공존하려는 우리 '공동'의 노력입니다.

그동안 플라스틱산업은 우리들의 편리함 뒤에서 이윤을 추구하는 형태로 확대되었습니다. 전 세계 플라스틱의 약 99퍼센트가 석유로 만들어진다는 것은 결국, 플라스틱 생산 규제는 석유 기업의 이윤과 직결된다는 것을 뜻하지요. 즉, 석유 기업은 플라스틱 제조산업을 유지하는 것이 필요합니다. 전쟁에 사용되는 무기, 패스트패션, 장난감, 일회용품 따위에 사용되는 플라스틱은 '쓰고 버리는' 문화의 대명사가 되었고, 생태계 파괴나 기후위기의 원인이 되었습니다.

지구 생태계는 한계가 있습니다. 인류가 사용하는 자원도, 또 폐기하고 처리하는 능력도 그 한계 속에서 자유롭지 않습니다. 하지만 '쓰고 버리는' 문화는 지구 생태계가 유한하다는 사실에 반대되는 행위입니다. 한 번 쓰고 버리는 것이 아니라, 순환하는 생태계로 바꾸어 나가는 것은 인류에게 필수적인 과제입니다. 플라스틱을 덜 쓰고 덜 버리는 착한 실천이 많아질수록 기후위기를 막는 노력이 커지고 또 기후행동의 여론을 만들 수 있습니다. 여기에 정부나 국제사회가 플라스틱 생산을 규제할 수 있도록 시민들이 목소리를 내는 것도 중요합니다. 이런 노력이 서로 맞물릴 때 '플라스틱 지구'에서 벗어나는 출발점을 만들 수 있을 것입니다.

기후정치를 말하는 사람들, 그리고 나

선거철이 되면 뉴스에서 선거 이야기가 꼭 한 꼭지 이상 나옵니다. 2024년에는 22대 국회의원 선거가 있는 해여서, 그해 초부터 선거 이야기가 많이 나왔습니다. 특히 2024년은 국내 소식뿐 아니라 전 세계 선거 이야기가 가득했습니다. 언론에서도 2024년을 '선거의 해'라고 불렀습니다. 대만, 한국, 미국, EU, 일본, 러시아, 인도를 비롯한 46개국에서 40억 가까운 인구가 대통령 선거와 총선을 치른다고 하니 세계가 떠들썩했지요.

2024년 1월 대만 정부총통 선거가 가장 먼저 치러졌습니다. 대만 총통 선거 결과로 중국과 대만의 관계, 미국과 중국의 관계에 긴장감이 높아질 거란 예측이 많았어요. 11월에 선거를 앞두고 한창 지역별로 후보 경선을 벌이는 미국의 대통령 선거는 연초부터 관심이 뜨거웠습니다. 누구나 예상하는 것처럼 미국의 대통령 선거 결과가 전 세계 수많은 영역에 영향을 미칠 테니까요. 우리나라 언론에서 많이 다루지 않지만, 6월에 있었던 EU의 유일한 직접 선출기관인 유럽의회 선거도 전 세계에 미칠 영향이 큽니다. 유럽의회 의원은 자국을 대표하는 것이 아닌 '유럽연합의 공동 이익'을 위해 활동하며 집행위원회 선출과 예산안 같은 주요 사안을 결정할 권한을 갖습니다. 개별 국가가 아닌 유럽을 움직이는 의회다 보니 그 결정이 국제적인 정책 방향에 큰 영향을 미칩니다.

선거가 많다는 것은 변화도 많다는 뜻입니다. 후보들은 대개 선거에서 이기기 위해 유권자들에게 유리한 정책들을 냅니다. 기후대응처럼 국제적이고 거시적인 정책보다 자국 또는 자기 지역의 이익을 지키는 정책을 가장 먼저 내세울 것이 예상되지요. 경제 위기를 이겨 내려고 보호무역 강화를 내세우거나, 석탄이나 화석연료를 퇴출하지 않는 정책을 세우거나, 지역개발 정책에 더 힘을 쏟기도 할 것입니다. 이런 여러 나라의 변화는 국제사회에 영향을 미치고 기후대응 정책에도 변화를 불러올 것입니다.

우리나라는 어떤가요. 4월에 치러지는 총선을 앞두고 정치 진영은 하루가 멀다 하고 바뀌었습니다. 누군가는 소속된 정당에서 나오고, 새로운 정당이 만들어지기도 하고, 적인 줄 알았는데 악수하고, 악수하던 사람들이 서로 등지기도 했습니다. '어떻게 해야 더 많은 국회 의석을 차지할까?' 계산하기에 바빴습니다. 이런 뉴스만 보고 있으니 머리만 아프고 어느 순간 '정치 뉴스'는 내 이야기 아닌 이야기가 되었지요. 제가 유일하게 보는 공중파 방송이 뉴스인데, 선거를 앞두고는 뉴스조차 보기 싫어지더라고요. 가끔은 '정치인들이 표 계산에 열을 올리는 것만큼 우리 삶에 관심을 가지면 얼마나 좋을까?' 하는 당연한 생각이 들기도 합니다.

우리는 선거 결과에 따라 수많은 것이 바뀐다는 사실을 아주 잘 압니다. 윤석열 정부만 해도 그렇지요. 탈원전 반대를 내걸었던 정부인 만큼 어마어마한 속도로 핵발전이 새롭게 추진되고 검찰 출신 대통령답게 거의 날마다 압수수색 뉴스가 나옵니다. 대통령의 상징인 청와대가 순식간에 없어지기도 하고, 국회가 입법한 법안에 대통령 거부권을 이렇게나 많이 행사했나 싶을 만큼 수많은 법이 대통령에 의해 막히기도 하지요. '누가' '어느 정당'이 당선되느냐에 따라 어떤 것은 매우 긍정적으로, 반대로 부정적으로 바뀌기도 합니다. 물론 같은 정책을 바라보는 시점도 이해관계자에 따라 다 다르지만요.

하지만 '기후대응'처럼 거시적인 정책 방향은 그때그때 이해관계에 따라 달라져서는 안 됩니다. 온실가스를 줄이자는 뚜렷한 목표를 국제적으로 약속했고, 기후재난과 불평등에 대비해야 한다는 정의로운 원칙이 있기 때문입니다.

2024년 미국 대통령 선거 경선 과정에서 재선에 도전하는 공화당 후보 트럼프는 '자기가 대통령으로 당선되면 파리기후협정에서 다시 탈퇴하겠다'는 공약을 내걸었습니다. 파리기후협정은 기후대응을 위해 모든 국가가 지구 평균기온 상승 폭을 2도 아래로 낮추자는 약속입니다. 그러나 파리기후협정이 맺어질 당시 대통령이었던 트럼프는 미국의 이익을 위해 이 협정에서 탈퇴했지요. 그 뒤 조 바이든Joe Biden이 대통령에 당선되면서 다시 가입했고 미국은 기후대응 정책을 추진해 나갔습니다.

그런데 또다시 대통령 후보로 나선 트럼프가 파리기후협정 재탈퇴와 석유 시추, 셰일 가스 채굴을 확대하겠다고 약속했습니다. 약속대로 대통령 취임 날 트럼프 대통령은 파리기후협정 탈퇴에 사인을 했고, 미국 내 화석연료 개발을 독려하는 메시지를 냈습니다. "드릴 베이비, 드릴.Drill Baby, Drill"이는 트럼프 정부의 에너지 정책을 대표하는 구호가 되었습니다. 트럼프 대통령은 그전부터 선거 자금 일부를 화석연료 기업에게 후원받았다고 알려져 있습니다. 화석연료 기업은 온실가스 감축을 늦추는 정부 정책이 매우 환영할 만한 일일 것입니다.

물론 선거가 기후대응에 긍정적인 신호가 되기도 합니다. 브라질 대통령 룰라 Lula da Silva 는 후보 시절, 개발로 파괴되는 아마존 열대우림을 지키겠다는 공약을 내걸었습니다. 아마존 열대우림에서 일어나는 불법적인 벌목을 2030년까지 모두 없애겠다는 야심 찬 계획을 세웠지요. 이전 정부가 개발을 통한 경제성장을 주요 정책으로 내세우며 열대우림의 개간과 벌채를 적극 지원한 것과 확실히 다른 모습이었습니다. 실제로 룰라 대통령이 불법 채굴을 단속하고 원주민 거주지의 벌목과 채굴을 못 하게 하면서 취임 여섯 달 만에 그 전년도 같은 기간보다 아마존 열대우림의 벌목이 3분의 1 남짓 줄어들었습니다.

룰라 대통령은 2025년 제30차 유엔기후변화협약 당사국총회 COP30를 아마존에서 열자고 제안했고 "아마존과 기후를 지키려는 사람들이 가까이에서 열대우림을 보고 기후대응의 중요성을 알게 될 것"이라고 자신 있게 말했습니다.

선거와 정치는 우리 삶과 긴밀하게 연결되어 있습니다.

"세 명에게 탈석탄의 메시지를 전해 주세요."

2022년 9월, 4만여 명이 함께한 기후정의행진이 끝난 뒤 제 SNS로 전달된 메시지입니다. 기후대응을 위해 반드시 멈춰야 할 석탄발전, 특히 새로 건설되는 석탄발전소 건설을 멈추기 위한 법을 만들려고 시민들이 나섰습니다. 국회는 입법청원과 함께 한 달 안에 5만 명의 동의가 모이면, 그 법안을 만들고 심의하게 되어 있거든요. 시민사회는 새로운 석탄발전소 건설을 멈추기 위해 '탈석탄법' 입법을 청원하고 한 주 만에 5만 명의 동의를 끌어냈습니다.

국회의원이 이 법안을 만드는 데 발 벗고 나서지 않아 기후정의 활동가들이 모여 법안을 만들어 제안하기도 했습니다. 결국 정의당, 민주당을 비롯한 몇몇 의원이 법안을 발의하는 데까지 성공했지요. 그러나 거기서 멈췄습니다. 법안을 제출하고 논의하는 과정까지는 갔지만, 그 어떤 의원도 이 법을 제정하려고 적극적으로 힘쓰지 않았습니다.

시민사회는 이 법안을 통과시키기 위해 국회 앞에서 날마다 일인 시위를 하고 연관된 의원을 만나기도 하며 법안이 꼭 필요하다는 노력을 기울였습니다. 국민 청원이나 의원을 통해 발의한 법안이 통과되려면 몇 가지 과정을 거쳐야 합니다. 우선 열 명이 넘는 의원이 찬성해 법안을 발의하고, 소관위원회에서 심사한 뒤, 법제사법위원회 심사를 거쳐 국회 본회의를 통과해야 합니다. 하지만 탈석탄법은 당시 국회에서 제대로 논의되지 않은 채 해당 국회의 임기가 끝나면서 자동 폐기되고 말았습니다.

 시민 5만 명이 동의해 국회에 요구한 법안이 한 해가 넘도록 논의조차 되지 않은 데는 여러 까닭이 있을 것입니다. 탈석탄법이 마지막으로 논의된 국회 산업통상자원중소벤처기업위원회 회의록을 보면 그날 논의하기로 한 법안이 무려 일흔 가지나 됩니다. 그런데 그날 회의는 40분 만에 끝났습니다. 예산안 같은 몇 가지 논의를 하고 나서 한두 가지 법안에 관해 제안한 까닭을 들은 뒤 아무런 결정 없이 끝났지요. 탈석탄법을 제안한 까닭은 설명하지도 못했습니다. 적극적으로 나서서 설명하고 이를 통과시킬 의지를 가진 의원'들'이나 정당이 없었기 때문입니다. 또 이 과정을 만들기 위한 시민의 힘도 부족했고요. 기후위기 대응에서 시민의 힘이 얼마나 필요한지, 또 그것을 뒷받침할 국회가 얼마나 중요한지 새삼 느낍니다.

 지난 2024년 총선 전 한 연구소에서 발표한 설문조사 결과를 보면, 22대 국회의원 선거에서 기후대응 정책이 중요한 요소가 될 것임을 알 수 있습니다. 1만 7,000명을 대상으로 한 설문조사에서 응답자의 62.5퍼센트가 "기후위기 대응 공약이 마음에 드는 후보가 있다면 평소의 정치적 견해와 다르더라도 총선에서 투표를 진지하게 고려하겠다"고 답했습니다. 또 지금 국회가 기후위기에 잘 대응하지 못한다고도 했습니다. 이는 시민들의 투표로 기후위기 대응에 관한 국회의 태도를 바꿀 수 있음을 보여 줍니다.

그즈음 전자우편을 받았습니다. 기후위기비상행동에서 기후정치를 위한 전략 워크숍을 하니 참석해 달라는 내용이었습니다. 기후정의 운동을 하는 사람들은 오래전부터 이번 총선 시기에 어떤 활동을 할지 머리를 맞대었습니다. 지금 정치가 너무 어둡고 앞이 보이지 않으니 총선에 더 고민하지 말자는 사람들도 있었고, 선거에 지금보다 더 적극적으로 개입해야 한다는 사람들도 있었습니다. 하지만 다양한 의견 가운데 한 가지 확실한 사실은 지금의 정치로는 점점 더 심각해지는 기후변화와 불평등 문제를 풀 수 없다는 사실이었습니다. 근본적인 사회체제를 바꾸기 어렵다는 것에도 모두 공감했습니다.

기후 문제는 우리 사회에 매우 중요한 의제지만 지금의

정치는 정책 경쟁보다 자릿수 경쟁에만 몰두하고 있습니다. 어쩌다 정책이 나온다고 해도 우리가 바라는 '기후정치'를 만드는 데는 모자라다는 것을 공감했지요. 그래서 시민 스스로 기후정치를 만드는 씨앗이 되고자 힘쓰고 있습니다. 그 씨앗을 뿌리기 위해 '에너지 정책과 국회를 바꾸는 시민 선언' 대회를 열었습니다. 기후정치가 사라진 지금, 시민들 스스로가 정치적 주체가 돼 움직이는 것이지요. 기후정치를 말하는 정당과 후보에게 투표하겠다고 선언하고, 기후 문제에 대안을 만들도록 정당과 후보를 압박하며, 함께 투표할 사람들을 늘리는 것입니다. 지역개발이나 경제성장을 우선하는 정책이 아닌, 기후재난으로 무너지는 안전과 삶을 지키는 것에서부터 산업과 에너지 체계를 바꾸는 정책과 정치를 선택하는 일도 우리의 권리입니다.

주차장을 없애는 공약을 내걸고 파리 시장으로 당선된 이달고 시장의 이야기는 우리에게 너무 먼 이야기처럼 들립니다. 저부터도 주차장이 없는 불편을 먼저 생각하니까요. 하지만 한순간의 불편함이 알고 보면 더 큰 편리함을 가져오는 정책일 수 있습니다. 반대로 신공항 건설이나 핵발전 확대처럼 지금은 편리하고 필요한 것 같지만, 오히려 기후대응에 악

영향을 미치는 정책도 있습니다. 기후 정책으로 온실가스 배출을 줄이는 효과를 기대할 수 있지만, 지금 당장 기후위기가 해결되는 것은 아닙니다. 거대한 배의 방향키를 돌리는 것은 지금 당장이어야 하지만, 그 배가 완전히 방향을 돌리는 데는 시간이 걸리는 것이지요.

기후정치는 우리가 함께 이 상황에 공감하는 것에서 출발합니다. 지구 생태계에는 한계가 있음을 인정하고, 그 한계 안에서 함께 잘 살기 위한 방법을 찾는 노력으로 시작합니다. 그리고 지금 당장 행동할 것을 요구하는 목소리로 채워 갑니다. 지구를 위한 시계는 이제 십 년이 채 남지 않았습니다. 그 십 년을 결정하는 선택이 바로 투표입니다. 나의 '올바른' 선택이 향하는 곳, 그곳에 기후정치가 있을 것입니다.

기후소송,
기후변화로부터 안전할 권리

"엄마는 내일 재판 보러 갈 일이 있어서 조금 늦게 들어와요."

저녁을 먹다가 아이들에게 다음 날 일정을 말했습니다. 아이들은 전혀 생각지 못한 '재판'이라는 말에 화들짝 놀랐나 봐요. '왜 재판을 받느냐' '무슨 일이냐' '큰일은 아닌 거냐'고 물으며 걱정스런 물음이 계속 이어졌습니다. 보통 재판은 '죄'와 관련된 것이라서 그랬던 모양입니다. 도대체 엄마가 무슨 죄를 지었기에 재판을 받는지 순간 놀랐겠지요. 엄마가 죄를 지은 것이 아니라 정부가 잘못한 것을 바로잡기 위해 하는 재판이라고 간단히 소개해 주었습니다.

2024년 4월 23일, 일명 '기후소송'의 첫 번째 공개변론이 헌법재판소에서 열렸습니다. 우리나라에서 처음 진행되는 기후소송이자 아시아에서 처음 열리는 기후소송으로 모두 네 개의 소송을 하나로 병합해 진행되었지요.

우리나라 기후소송은 2020년 제기한 청소년기후소송으로 시작했습니다. 당시 '저탄소녹색성장기본법'이 기후대응에 충실하지 않아서 국민의 안전과 생명을 위협하니 헌법재판소가 국민의 기본권을 지키기 위해 법의 위헌성을 판단해 달라는 취지였지요.

그 뒤 2021년과 2023년에는 시민소송을, 2022년에는 이른바 아기기후소송을 잇달아 제기했습니다. 이들 역시 새롭게 개정된 '탄소중립녹색성장기본법'(아래부터 탄소중립법)과 정부 대응이 당면한 책임을 방기하고 미래로 그 책임을 떠넘기고 있어 현재와 미래 세대가 안전할 권리를 빼앗는다는 취지였습니다.

우리나라 탄소중립법은 2030년까지 온실가스를 2018년에 견주어 40퍼센트 줄이는 것을 목표로 합니다. 하지만 이 목표는 지구 평균기온 상승을 1.5도 아래로 제한하자는 과학적 사실이나 국제적 감축 기준과 따져 보면 많이 모자랍니다. 기후변화에 관한 정부간 협의체IPCC가 권고한 목표는 2030년까지 세계 평균 43퍼센트입니다. 한국은 온실가스 배출량이 세계 11위이고 1인당 배출량은 무려 세계 3위에 이르는 온실가스 대배출 국가입니다. 배출한 자가 책임진다는 당연한 원칙을 생각하면 우리나라의 감축 책임은 더 커질 수밖에 없습니다.

온실가스 감축은 목표도 중요하지만 언제, 어떻게, 얼마나 줄일 것인지 구체적인 '감축 경로'도 매우 중요합니다. 배출된 온실가스는 사라지지 않고 계속 쌓이기 때문에 대기 중 온실가스를 적게 하려면 하루빨리 온실가스 배출량을 줄이는 것이 중요합니다. 대기로 배출된 누적량이 많으면 많을수록 기후위기는 더 크게 나타날 테니까요. 하지만 정부의 온실가스 감축 계획은 대부분이 2028년에서부터 2030년 사이에 몰려 있습니다. 사실상 지금 정부에서는 아무것도 하지 않다가 목표연도에 바투 다가가면 그때 바짝 노력하겠다는 것입니다. 반드시 해야 하는 숙제를 최대한으로 미뤄 두고 나중에 더 많은 책임을 지게 만드는 것이지요. 지구 평균기온 상승 폭을 1.5도 아래로 제한하기 위해 우리에게 남아 있는 탄소배출 허용치, 그러니까 탄소예산은 생각하지 않고 일단 지금은 쓰고 보자는 식입니다.

문제는 또 있습니다. 정부가 온실가스 감축 목표를 발표했을 때 2018년을 기준 연도로 삼았는데요. 기준 연도에서는 온실가스 총배출량을 기준으로 한 것과 달리 2030년 목표 연도에서는 순배출량을 기준으로 계산했습니다. 순배출량은 총배출량에서 흡수된 탄소의 양을 뺀 것이어서 총배출량에 견주어 보면 적습니다. 결국 이는 2030년 목표치를 높아 보이게 하는 착시 효과를 가져왔지요. 2018년과 2030년을 순배출량이라는 같은 기준으로 견주어 보면 정부가 설정한 목표는 36퍼센트에 그칩니다. 이 점은 지난 1차 기후소송 공개변론에서도 큰 쟁점이 되었습니다.

그런데도 정부는 현재 우리나라 상황을 고려했을 때 지금의 목표가 적절하다며 소송의 취지를 받아들이지 않았습니다. 심지어 '아직 일어나지도 않은 기후재난으로 기본권이 침해되었다고 볼 수 없다'는 입장을 내기도 했습니다. 정말 기후재난이 일어나지 않았을까요? 기본권이 침해되지 않았을까요?

저는 2023년 여름 청주 오송 지하차도가 물에 잠기면서 열네 명이나 사망했던 참사를 기억합니다. 2022년 서울 강남의 반지하방에서 장애인을 포함한 세 명이 사망하기도 했고요. 지난 어린이날에도 때아닌 폭우에 돌아가신 분이 있었습니다. 가뭄과 홍수로 피해를 입은 농민들이나 폐지를 줍다가 온열질환으로 사망하는 어르신들, 대파와 사과 가격에 우는 서민들, 모두 기후재난의 피해자입니다. 이들의 피해와 죽음을 막는 일은 누구의 책임일까요?

두 차례의 변론을 거친 2024년 8월, 헌법재판소는 기후헌법소원에 대해 일부 '헌법 불합치' 판결을 내렸습니다. 정부의 기후위기 대응이 기후변화로부터 안전할 권리인 헌법상 환경권에 위배된다는 뜻입니다. 또 탄소중립기본법에 2030년 이후 감축 목표가 없다는 것은 기후변화로부터 안전할 권리를 보장하지 못하므로 지금의 탄소중립기본법을 바꾸어야 한다는 걸 뜻합니다. 변론에서 쟁점이 되었던 '감축 경로'는 위헌이라고 판단한 재판관이 다섯 명, 합헌 판단이 네 명으로 안타깝게 기각되었습니다.

일부 승소라 한계가 있지만, 그래도 이 판결은 기후위기 대응에 매우 중요한 의미를 갖습니다. 기후위기가 우리 삶의 기본권과 연결되어 있고, 정부의 기후위기 대응이 지금 세대, 그리고 미래 세대의 기본권을 지키는 방향으로 나아가야 한다는 것을 말합니다. 또한 미래 세대의 권리도 보장되어야 하며 이를 위한 내용과 절차가 마련되어야 한다는 것, 기후변화에 대해 과학적 사실과 국제적 기준에 따라 우리나라도 걸맞는 책임을 져야 한다는 것, 그리고 기후위기 대응에 필요한 사회적 합의를 이끌어 내기 위해 국회가 더 큰 역할을 해야 한다는 것들을 함께 말하고 있으니까요. 또한 아시아에서 맨 처음 열린 기후소송인 만큼 기후위기에 더욱 취약한 아시아 국가에게 중요한 선례를 남기기도 했습니다.

기후위기와 기본권이 연결되어 있다는 사실은 다른 기후소송을 살펴봐도 알 수 있습니다. 전 세계에서 정부와 기업을 상대로 한 기후소송이 2,500건에 다다릅니다. 세계 첫 기후소송은 2013년 네덜란드 환경단체 우르헨다Urgenda가 시민들과 함께한 소송입니다. 대법원에서 정부가 온실가스 감축 목표를 강화해야 한다고 판결했지요.

2024년에는 64세가 넘은 스위스 여성 약 2,500명이 모인 '기후 보호를 위한 스위스 노인 여성Klima Seniorinnen' 단체가 기후소송에서 승소한 사례도 있습니다. 이들은 스위스 정부를 유럽인권재판소ECHR에 제소했는데요. 기후변화는 인권과 기본권의 문제인 만큼 정부의 기후위기 대응이 생명권과 자율권을 침해했다고 보았던 것입니다.

이 판결은 국가가 국민의 기본권을 지키기 위해 기후위기 대응에 적극적이어야 한다고 판단했습니다. 2023년 우리나라 국가인권위원회가 탄소중립법이 미래 세대의 기본권을 침해한다는 의견을 헌법재판소에 냈던 것과 같은 맥락입니다. 이런 사례에 대해 UN도 기후소송이 기후위기 대응에 적극적인 변화를 불러오는 요인이 될 수 있고 전 세계 기후행동에 선례를 만들고 있다고 분석했습니다.

"저녁거리를 사러 갔다 온 친구와 채소 가격으로 이야기를 나눌 때, 폭우 때문에 먹고 싶은 배달 음식을 내일로 미루는 아이의 머리를 쓰다듬을 때, 산사태를 조심하라는 안전 문자를 받고서 집 앞의 옹벽이 걱정될 때, 다시금 오늘의 판결을 기억할 것입니다. 정부가 여전히 갯벌을 밀어 신공항을 밀어붙이고, 기후대응 댐이라면서 생태계를 파괴하고, 온실가스 줄인다는 핑계로 핵발전을 늘리고, 경제성장이라는 이름으로 전력수요를 늘리고 송전선을 강행할 때 매 순간 오늘의 판결을 기억할 것입니다. 온열질환과 재난에 대응하는 것을 개개인의 책임인 것처럼 돌리고 시민 실천만 강조하며 정부의 책임을 회피할 때에도 오늘의 판결을 기억할 것입니다.

오늘의 판결은 단순히 '온실가스 감축'에 대한 판결이 아닙니다. 헌법을 통해, 그리고 정부의 책임으로, 우리의 존엄한 삶을 지켜야 한다는 선언이며, 정의로운 기후대응의 시작입니다. 여전히 우리에게는 서로 돌보고 함께 사는 삶을 요구할 권리가 있습니다. 그 권리는 정부와 기업에게 온실가스 감축을 요구하는 당당함과 성장 중심 사회에서 벗어나려는 용기, 그리고 거대한 전환에 나서는 담대함으로 더 단단해질 것입니다. 우리 함께 행동하고, 함께 지켜 냅시다."

헌법재판소 판결이 있은 직후, 헌법재판소 앞에서 진행한 소송인단 기자회견에서, 제가 시민소송인단의 한 사람으로서 했던 발언입니다. 기후소송이 정의로운 기후대응을 위한 작은 나비가 되길 희망해 봅니다.

디지털 다이어트를
시작하자

"야, 그 챗지피티ChatGPT 도움 되긴 하더라."

퇴근하고 저녁 무렵, 언니와 전화 통화를 했습니다. 하루 종일 교육을 받느라 피곤하다면서도, 그날 교육 내용 가운데 챗GPT 사용법이 재미있었다며 얘기를 전했습니다. 묻는 방식에 따라 다양한 답이 나온다면서 잘 사용하면 업무에 많은 도움이 될 것이라면서요. '아, 이제 공공기관도 인공지능AI 사용이 보편화되나 보다' 싶었습니다. 얼마 전에는 여행 일정을 고민하던 친구가 자연스럽게 AI에게 물어보던 일도 있었습니다. "비행기 도착 시간은 몇 시, 묵을 곳은 여기, 몇 살짜리 아이 둘과 함께 하는 여행 일정을 계획해 줘" 하고 물었더니, 시간별로 일정을 계획하고 식당까지 추천해 주더라고요.

인공지능 기능이 있는 줄만 알았지, 실제로 사용해 본 적이 없는 제게 그 답은 참 신기하기만 했습니다. 그러나 한편으론 쓸쓸했어요. '그걸 굳이 AI에게 물어봐야 해?' 하는 마음이 들었거든요.

    2024년 5월 정부는 2038년까지의 전력 계획을 담은 제11차 전력수급기본계획(아래부터 11차 전기본)을 발표했습니다. 현재 우리나라의 전력 수요는 약 90기가와트 정도인데, 2038년에는 129.3기가와트가 될 것으로 전망하고, 이에 따라 신규 발전소에서 생산하는 전력 10.6기가와트가 필요하다고 계획했습니다. 이 중 4.4기가와트는 새로운 핵발전소를 지어 충당하는 계획으로 이어졌습니다. 이에 더해 설계 수명이 끝나는 노후 핵발전소의 수명을 연장하는 것도 포함되었지요.

    당연히 핵발전소 지역 주민들은 거세게 반발했습니다. 전력 수요를 그렇게나 많이 잡은 근거가 무엇인지 묻기도 하고, 기자회견도 하고, 의견서도 제출했지만, 결국 정부의 계획에 이들의 목소리는 받아들여지지 않았습니다. 결국 11차 전기본 공청회장에서 지역 주민들과 시민사회 활동가들은 핵발전소 수명 연장과 신규 건설 반대, 그리고 정의로운 전력 계획 수립을 외치다가 모두 경찰에 연행되었습니다.

기후위기에 대응하기 위해 화석연료를 줄이는 과정에서 앞으로 대부분의 에너지를 전기화하는 과정은 필요합니다. 휘발유와 가스를 이용하던 자동차가 전기자동차로 바뀌고, 도시가스나 석유를 이용하던 난방 역시 전기로 바뀔 것이며, 석탄을 이용하던 제철산업 등 산업공정 부문에서도 전기화를 이루어야 합니다. 이러니 어쩌면 2038년 전력 수요가 늘어나는 것은 당연한 일일 것입니다. 기후변화로 나타나는 폭염과 한파는 냉난방 수요를 높여 전력 수요를 늘리는 데 또 한몫할 것입니다. 하지만 정부는 반도체산업과 인공지능산업, 데이터센터 증가를 내세워 전력의 추가 수요 증가를 전망했습니다. 무려 16.7기가와트입니다. 신규 발전소를 지어 충당할 전기량인 10.6기가와트보다도 많은 양입니다.

AI와 데이터센터가 전기 먹는 하마라는 것은 많이 알려진 사실입니다. 국제에너지기구 IEA는 우선 "데이터센터의 전 세계 전력 수요가 2026년까지 두 배로 증가할 수 있다"고 전망했습니다. IEA에 따르면 "2022년 현재 데이터센터, 암호화폐, 인공지능이 전 세계적으로 약 460테라와트시의 전력을 소비할 것으로 추정되며, 이는 전 세계 총 전력 수요의 약 2퍼센트"라고 평가하고 있습니다.

검색을 예로 들어 보면 전력 수요의 차이를 더 잘 알 수 있습니다. 우리가 구글에서 무언가를 검색할 때 사용하는 평균 전력 수요는 검색 한 번에 0.3와트시를 소비합니다. 하지만, 인공지능인 챗GPT는 질문 하나에 2.9와트시를 소비하지요. 전 세계에서 하루 평균 약 90억 건의 검색이 이루어진다고 고려하면 한 해에 거의 10테라와트시의 추가 전력이 필요하게 됩니다. 이는 우리나라 전체 가정에서 한 해 동안 사용하는 전력 소비의 약 7분의 1에 해당하는 엄청난 양입니다.

세계적인 기업 마이크로소프트Microsoft와 구글Google도 인공지능 확대와 이를 뒷받침하기 위한 데이터센터 증설로 기후대응에 후퇴하는 결과를 맞았습니다. 이 두 기업은 기업에서 사용하는 전력의 100퍼센트를 재생에너지로 충당하겠다는 RE100 캠페인을 주도하는 기업으로, 2030년까지 온실가스 배출을 '0'으로 만들겠다는 야심 찬 계획을 추진하고 있었지요. 마이크로소프트는 2023년 온실가스 배출량이 2020년에 견주어 약 30퍼센트가 증가하면서 2030년 '온실가스 순제로Net-Zero' 목표도 흔들리고 있습니다. 구글 역시 2030년까지 온실가스 배출 순제로 달성이 목표였으나, 2023년 총 온실가스 배출량은 2019년에 견주어 48퍼센트나 증가했습니다.

전 세계에 데이터센터가 얼마나 있을까요? 2021년을 기준으로 데이터센터는 무려 1,851개가 운영되고 있고, 이 가운데 1,600개 이상이 시장에서 소비되고 있습니다. 상위 50개 데이터센터 시장이 사용하는 전력량을 분석하면 미국이 월등히 많은데요, 미국 노던 버지니아주에는 '데이터센터 골목Data Center Alley'이 있을 정도입니다. 법인세가 싼 아일랜드는 데이터센터가 사용하는 전력이 국가 전체 전력 소비의 17퍼센트나 됩니다. 심지어 "2026년까지 전력 소비량은 다시 두 배로 증가할 것으로 예상되며, 아일랜드 전체 전력 수요의 32퍼센트나 될 것으로 전망하기도 합니다. 데이터센터 관련 정책이 온실가스 감축에 가장 큰 영향을 줄 수 있다는 의미입니다. 세계 데이터센터의 허브라고 불리는 싱가포르는 데이터센터가 너무 많이 늘어나고 전력 수요량이 급증하자, 2019년 데이터센터 모라토리엄moratorium을 선언하기도 했다가 2022년 해제하기도 했습니다. 앞으로 건설되는 데이터센터는 에너지효율이 높은 기술을 사용하여 환경에 미치는 영향을 최소화할 것을 원칙으로 세웠지요.

상황이 이렇다 보니 전 세계는 데이터센터와 관련한 규제를 만드는 데 분주해졌습니다. EU는 에너지사용량을 2030년까지 11.7퍼센트 감축하기 위한 계획으로 2024년 5월 새로운 에너지효율 지침을 발표했습니다. 독일은 2026년 신규 데이터센터에 전력효율 지수를 높이는 것을 의무화했습니다. 중국은 그보다 앞선 2021년, '탄소배출량 정점 도달 및 탄소중립 목표 요구의 이행을 위한 데이터센터와 5G 등 신형 인프라의 녹색 고품질 발전 추진 실시방안'을 발표했지요.

우리나라에는 2023년 말, 데이터센터가 150개 있으며, 이들은 핵발전소 2기에 해당하는 약 2기가와트의 전력을 사용합니다. 인터넷 강국인 나라답게, 인공지능 또한 빠르게 확산되면서 2029년까지 필요한 데이터센터는 732개라는 예상이 나오고 있습니다. 데이터센터를 이만큼 가동하려면 핵발전소 50기 정도의 전력이 필요합니다. 어마어마한 전력 소비인 셈이지요. 이런 가운데, 데이터센터에 대한 적극적인 규제와 수도권 집중 완화를 위한 정책이 더 필요해졌습니다. 하지만 정부는 국제적으로 인공지능 경쟁이 치열해지자, 인공지능산업을 성장시킨다는 목적으로 '규제 완화'를 내세웠습니다. 연관된 반도체클러스터에는 온실가스 규제는 고사하고 오히려 정부에서 온갖 지원을 하겠다고 나섰습니다.

인공지능과 데이터센터로 이윤을 얻으려는 기업은 기후대응과 생태계 보전에 투자를 원치 않습니다. 오히려 비용의 효율성과 이윤의 극대화를 원하지요. 인공지능이 인간의 노동을 대체하여 인건비가 줄어든다고 주장합니다. 인공지능 기술 덕에 자원을 더 효율적으로 사용할 수 있다고 강조합니다. 이상기후를 예측해 기후재난에 대비할 수 있다고 말하기도 합니다.

하지만, 인공지능의 팽창은 결국 반도체의 증가로 이어지고, 반도체를 만들기 위해 필요한 광물의 착취로 이어집니다. 디지털 기기에 꼭 필요한 희토류를 얻기 위해 채굴되는 점토에서 얻어지는 희토류는 단 0.2퍼센트이며, 나머지 99.8퍼센트는 광물 폐기물이 되어 버려집니다. 결국 인공지능과 데이터센터, 그리고 반도체로 이어지는 산업은 전력 소비를 증가시키고 이는 또 온실가스 배출 증가, 생태계 파괴로 이어지며 안전과 인권 같은 가치를 뒤로 미루는 결과를 가져올 것입니다.

처음 한 이야기로 돌아가 볼까요? 인공지능을 사용해서 업무의 효율성을 높이는 것, 인공지능에게 여행 일정을 묻는 것. 편하고 재미있는 행위일 수는 있습니다. 하지만, 그것이 반드시 필요한 일인지 되물어 보면 한 번쯤 고개를 갸웃거릴 수는 있겠지요. 디지털이 보편화된 사회에서 얼마나 많은 양을 얼마나 빠르게 다룰 수 있느냐보다는 어느 만큼이면 충분

한가를 기준으로 생각해 보는 것은 어떨까요.

과학기술의 발달은 그것을 어떻게 사용하느냐에 따라 다양한 모습으로 바뀌어 왔습니다. "우리 가족은 인공지능 기술의 위험성을 경고하고 캐릭터 AI와 그 설립자, 구글에 책임을 요구하기 위해 이 자리에서 섰습니다." AI 챗봇과 대화하는 일에 집착해 목숨을 끊은 아들을 두고 그 어머니가 개발사에 소송을 제기하면서 한 말입니다.

AI는 축적한 데이터를 바탕으로 빠른 일 처리나 문제 해결에 도움을 줄 수 있습니다. 하지만 정확하지 않은 사실을 안내하거나 잘못된 감정을 교감하면서 생기는 부작용이 이미 드러나고 있습니다. 또한 인공지능 역시 그 기술을 개발하는 국가나 기업의 이익에 영향을 받을 수 있습니다. 사회에서 기술에 대한 논의가 충분하지 않은 상황에서 무조건 새로운 기술이 옳다고 해석하긴 어렵습니다.

원자핵과 원자의 구조와 상호작용을 연구하는 학문인 핵물리학도 비슷합니다. 핵물리학의 발달은 X-Ray 촬영이나 CT 스캔, 핵의학 검사 같은 의료 기술을 발달시키는 데 기여했습니다. 하지만 무기 개발로 수많은 생명을 앗아 가고 삶의 터전을 오염시키는 수단이 되기도 했습니다. 평화적 이용이라고 그럴듯하게 내세워 확대된 핵발전소는 체르노빌과 후쿠시마에서 일어난 사고로 생태계에 위협이 되고, 여전히 핵발전소가 설치된 지역 주민에게는 희생을 강요하기도 합니다. 최근에는 폭발한 후쿠시마 핵발전소에서 나오는 핵오염수 때문에 해양생태계 오염 문제가 세계에서 중요한 쟁점으로 떠오르기도 했고요.

"현재 시각 2014년 7월 1일 오전 6시. 환경단체와 개발도상국의 반대에도 불구하고 지구온난화 대책에 고심하던 세계 정상은 오늘 79개국 대기권 상층에 CW-7을 살포합니다. 과학계는 인공 냉각물질인 CW-7 살포에 성공하면 효율적인 기온 관리가 가능해 지구온난화에 혁신적 해결책이 마련된다고 예측합니다."

영화 〈설국열차〉(2013)에서 처음 나오는 대사입니다. 기후위기가 심각해지면서 지구공학적 과학기술로 해결하려는 시도도 힘을 얻고 있습니다. 미국의 바이든 정부는 관련 예산을 편성하기도 했지요. 하지만, 지구의 기후 시스템은 아주 오랜 시간 대기와 해양, 토양 등의 복잡한 상호작용으로 만들어졌습니다. 한 가지 기술로 이 시스템 변화를 예측하기는 어렵습니다. 실험실의 연구가 지구 시스템으로 들어왔을 때 돌이킬 수 없는 결과가 나올 수도 있습니다. 〈설국열차〉는 이렇게 말합니다.

"CW-7의 대량살포 직후 거대한 한파가 세계를 덮쳤다. 새로운 빙하기, 지구상의 모든 생명체는 멸종됐다."

기후위기는 지구가 45억 년이라는 시간을 거쳐 만든 시스템에 인류의 활동이 더해지면서 생겨난 문제입니다. 따라서 이 문제를 해결하기 위해서는 지구에 더해지는 인공적인 요소를 최대한 줄이는 것이 가장 빠른 길입니다. 자원을 적게 착취하는 것, 발전소를 적게 짓는 것, 지속가능한 생산과 소비를 통한 충족성을 만드는 것 말입니다. 전기를 아끼고, 플라스틱을 덜 쓰고, 옷을 덜 사고, 비행기나 자가용보다는 대중교통을 이용하겠다고 결심하는 것은 모두 생태계에 남기는 우리의 발자국을 줄이는 것과 연결되어 있습니다.

디지털 소비도 마찬가지입니다. 데이터센터가 가져오는 전력 수요 증가와 생태계 파괴를 줄이는 데 아주 작은 실천을 더해 볼 수 있을 것입니다. 기술의 발달이 모든 것을 해결할 수 있다는 꿈에서 벗어나, 우리가 편리한 삶을 누리는 만큼 파괴되고 희생되는 생태계를 연결하는 노력이 필요할 때입니다.

석탄발전은 멈춰도
우리 삶을 멈출 수는 없다

🌍

초보운전자는 한 번에 빠져나오기 어렵다는 울산의 한 회전 교차로. 그 한가운데에는 공업탑이 있습니다. 길다란 기둥 네 개가 톱니바퀴와 월계수잎을 두른 3미터 크기의 지구본을 받치고 있는 모양입니다. 이 공업탑은 1962년 울산공업센터 건립과 제1차 경제개발 5개년 계획을 기념하기 위해 세운 탑으로, 이후 비료 공장, 화학 공장, 자동차 공장과 화력발전소 들이 건설되면서 울산이 우리나라에서 가장 큰 공업단지로 발전하게 되었습니다. 이 공업탑 비문에 이런 내용이 적혀 있습니다.

"4천 년 빈곤의 역사를 씻고 민족 숙원의 부귀를 마련하기 위하여 우리는 이곳 울산을 찾아 여기를 신新공업도시로 건설하기로 했습니다. (줄임) 제2차 산업의 우렁찬 수레 소리가 동해를 진동하고 산업 생산의 검은 연기가 대기 속에 뻗어나가는 그날엔 국가 민족의 희망과 발전이 이에 도래하였음을 알 수 있을 것입니다."

식민지와 전쟁으로 가난했던 우리나라에 경제성장이 가장 중요했던 1960년대에 딱 맞는 취지였을 겁니다. '검은 연기가 대기 속에 뻗어나가는' 공장과 화력발전소는 경제성장의 상징과 같은 이름이었습니다. 그리고 그것을 상징하는 공업탑은 아이러니하게도 푸른 지구를 받치고 있습니다.

기념비 이야기를 하나 더 해 볼까요?

"집집마다 태워주고 / 나라에 힘을 수넌 // 함백 빛낸 사나이들이 / 여기 모여 있느니 // 그 이름 향기로워라 / 영원토록 빛나라"

강원 정선에 있는 함백탄광 기념비에 새겨진 김월준 님의 시입니다. 그리고 그 옆에는 함백탄광에서 일하다 돌아가신 분들의 이름이 함께 있습니다. 여기에는 1979년 4월 자미갱 입구 폭발 사고로 목숨을 잃은 26명의 이름도 있지요. 당시 신문기사를 보면 "광부 40명은 광차 6량에 나눠 탑승했고, 화약은 광부가 탄 네 번째 광차에 실려 있었다"라며 "사고 현장은 눈 뜨고 볼 수 없을 정도로 처참했다"고 기록되어 있습니다. '향기로운 이름'이지만, 경제성장을 위해 희생된 아픈 이름이기도 합니다.

1970년대 산업을 이끈 화력발전소는 대부분 석탄을 이용했습니다. 석탄 생산은 국가 전력 생산과 이어졌고, 반대로 석탄 부족은 산업에 많은 영향을 미쳤습니다. 그때는 석탄을 얼마나 빠르게, 많이 생산하느냐가 국가의 중요한 과제였지요. 정부는 무연탄이 필요한 곳에 안정적으로 공급될 수 있도록 강원 지역에 철도를 놓고 태백, 정선, 삼척 등에 광산을 개발했고, 수많은 광부가 석탄을 캐며 땀을 흘렸습니다. 함백탄광이 1993년 폐광할 때까지 이곳에서만 175명이 광산이 무너지거나 폭발하는 사고로 목숨을 잃었습니다. 그 가운데 1979년 함백탄광 화약 폭발 참사는 가장 큰 사고로 기록되어 있습니다.

이렇게 우리나라 경제성장의 큰 축을 담당했던 석탄산업은 점차 그 규모가 줄었습니다. 강원도를 중심으로 지역경제의 핵심이었던 탄광은 대부분 문을 닫았고, 이제는 석탄화력발전소도 하나둘씩 폐쇄될 예정입니다. 특히 이산화탄소를 엄청나게 배출하는 석탄화력발전소는 기후위기 대응과 에너지전환을 위해 빠르게 폐쇄해야 하는 산업으로 꼽힙니다. 유엔기후변화협약 당사국총회COP에서도 석탄발전을 얼마나 빠르게 퇴출할 수 있는지가 주요 쟁점으로 논의될 정도지요. 실제로 지난 2021년 COP26에서 석탄발전 퇴출이 안건으로 올라왔으나 중국이나 인도 같은 개발도상국들이 반대해 석탄발전의 단계적 감축으로 타협하기도 했습니다. 2024년에는 G7(미국, 일본, 독일, 영국, 프랑스, 이탈리아, 캐나다)이 온실가스 감축을 위해 2030년대 중반까지 석탄화력발전소를 단계적으로 폐쇄하기로 합의했고요.

영국은 2024년 9월 마지막으로 남아 있던 석탄발전소 가동을 멈추며 G7 국가 가운데 처음으로 석탄발전을 퇴출한 국가가 되었습니다. 영국은 석탄발전의 시대를 연 국가로 1990년에만 해도 석탄발전이 국가 전력의 80퍼센트를 차지할 정도로 석탄발전 의존도가 높은 나라였습니다. 하지만, 기후위기를 해결해야 하는 당위성과 재생에너지 기술 발전은 석탄발전의 비중을 낮추었고, 석탄 대신 재생에너지로 국가 전력을 채우는 정책을 채택했습니다. 전 세계적으로도 이처럼 석탄발전의 비중을 낮추는 국가가 늘고 있습니다.

우리나라는 어떨까요? 우리나라는 현재 석탄발전소 59기가 가동되고 있습니다. 강원도 삼척에는 2025년에 첫 가동을 목표로 하는 마지막 신규 석탄발전 2기가 건설되고 있지요. 정부 전력계획에 따르면 2025년 충남 태안의 1, 2호기를 시작으로 2038년까지 모두 61기 가운데 40기가 폐쇄될 예정될 예정입니다. 여기에 세 가지 문제가 있습니다.

하나는 석탄발전 폐쇄 속도가 너무 늦다는 것입니다. 석탄발전은 지구온난화의 원인이 되는 이산화탄소 배출의 주범으로 꼽힙니다. IEA는 2018년 우리나라에서 배출한 이산화탄소 총 6억 톤 가운데서 3억 1,300만 톤이 석탄에서 나왔다고 분석했습니다. 석탄발전소와 석탄을 사용하는 사업장에서 절반이 넘는 이산화탄소가 나온 셈입니다. 우리나라 전체 발전량 가운데 석탄발전소에서 생산하는 전기는 약 33퍼센트로 가장 많습니다. 그러다 보니 이산화탄소 배출량은 세계에서 10위 안에 들고, 석탄발전에 따른 1인당 온실가스 배출량은 G20 가운데 두 번째로 많습니다. 이는 세계 평균(약 1.1톤)보다 세 배는 더 높다고 하니, 기후위기의 국제적 책임을 감안하면 더 많은 노력이 필요한 셈입니다.

두 번째 문제는 석탄발전 폐쇄에 대한 정의로운 전환 계획이 없다는 점입니다. '탄소중립기본법'에서 정의로운 전환은 탄소중립 사회로 이행하는 과정에서 직접, 간접으로 피해를 입을 수 있는 지역이나 산업의 노동자, 농민, 중소상공인

들을 보호해, 전환하는 과정에서 발생하는 부담을 사회적으로 분담하고 취약계층의 피해를 최소화하는 정책 방향이라고 정의합니다. 이는 기후변화에 대한 대응이 모두에게 '정의로운' 방식이어야 한다는 것을 뜻하지요. 탈석탄 정책에 따라 석탄발전 노동자들의 일자리가 사라지는 것은 정의로운 전환에서 매우 시급한 과제입니다. 2015년 UN에서 채택한 파리기후협정에서도 명시해 놓을 만큼 전 세계에서 중요한 문제이기도 합니다. 우리나라에서도 석탄발전을 폐쇄하고 에너지를 전환하는 과정에서 일자리의 43퍼센트 이상이 줄어들 것으로 추정합니다. 우리나라 석탄발전소 절반이 모여 있는 충남 태안이나 보령은 지역경제에 미칠 영향이 심각할 것으로 예측됩니다. 하지만 정부 계획에 정의로운 전환은 찾아보기 어렵습니다.

142년 동안 '석탄의 시대'를 이끌었던 영국이 '탈석탄 시대'를 새롭게 열 수 있었던 것에 대해 전문가들은 이렇게 평가합니다. 영국 정부가 산업계에 제시한 '십 년 후 탈석탄'이라는 명확한 방향이 석탄 퇴출에 도움이 되었다고요. 영국 정부는 다음과 같은 말로 석탄 노동자들에게 고마움을 전했습니다.

"한 시대의 종말입니다. 석탄 노동자들은 우리 나라에

전력을 공급한 140년간의 노력에 자부심을 가질 수 있습니다. 우리는 한 국가로서 여러 세대에 감사의 빚을 지고 있습니다."

고된 노동을 하며 경제성장의 한 축을 담당했던 석탄 노동자들은 그에 따른 평가를 받아야 하지만, 현재 우리나라 석탄 노동자들은 감사 인사는커녕 일자리를 잃을 위기에 처했습니다. 정의로운 전환이 전혀 준비되지 않은 상황에서는 정의로운 에너지 전환도 이루어 내기 어렵습니다.

우리 정부는 석탄발전소를 폐쇄하는 대신 천연가스LNG 발전소로 대체하겠다는 계획을 제시했지만, 그렇다고 해도 발전 노동자의 절반 정도만이 일자리를 유지할 것으로 전망됩니다. 발전산업에 직접 관여하는 노동자들 말고도, 발전소 내 청소 노동자, 시설관리 노동자, 식당 노동자처럼 다양한 업무를 담당하는 노동자들까지 포함하면 일자리를 잃는 사람 수는 훨씬 늘어날 것입니다. 전환을 준비하려면 교육과 훈련부터 시작해야 하지만 현재는 전혀 진행되지 않고 있습니다. 당연히 고용 불안에 시달리게 되지요. 노동자들뿐만 아니라 석탄발전소가 많은 지역의 경우에는 인구와 세금 수입이 줄어들 것이고, 지역경제 침체도 예상됩니다. 지역 소멸이 우려되는 지점이지요.

세 번째 문제는 석탄발전을 재생에너지로 전환하는 과정에서 일어날 수 있는 '에너지민영화'에 대한 걱정입니다. 지금 우리나라의 재생에너지 발전 설비는 90퍼센트가 민간기업이 소유하고 있습니다. 특히 해상풍력발전은 매우 심각합니다. 발전사업 허가를 받은 해상풍력 단지의 92.8퍼센트를 국내 대기업과 해외 다국적기업이 차지하고 있을 정도니까요. 현재 공기업들이 소유하고 운영하는 석탄발전소는 점차 폐쇄되고 앞으로 확대될 재생에너지는 민간기업이 소유하고 운영한다면, 결국 우리가 사용하는 전기는 민간기업으로부터 구입할 수밖에 없습니다.

전기 없이 살 수 있을까요? 전기는 취향에 따라 구입할지 말지를 선택할 수 있는 것이 아닙니다. 어두울 때 전등을 켜고, 밥을 짓고, 엘리베이터를 이용하고, 수도와 보일러를 사용할 때도 전기가 필요합니다. 그러니 너무 비싸서, 돈이 없어서 전기를 사용하지 못하면 일상생활이 불가능해질 것입니다. 가격이 매겨진 상품이지만 기본적인 삶을 유지하는 데 필요한 '필수재'이기 때문이지요. 우리나라 에너지법에서도 '국가, 지방자치단체 및 에너지공급자는 빈곤층 등 모든 국민에게 에너지가 보편적으로 공급되도록 기여하여야 한다'고 국가의 책무를 명확하게 밝히고 있습니다.

기후위기에 맞서 재생에너지로 거대한 전환이 필요한 시기입니다. 언젠가부터 발전산업을 비롯한 전력산업 노동자들은 스스로 목소리를 내기 시작했습니다. 석탄발전의 일자리를 지키는 것이 아니라, 재생에너지로 전환하는 일에 스스로 주체가 되기로 한 것이지요. 재생에너지로의 전환과 에너지 공공성을 함께 지키기 위해 '공공재생에너지' 확대를 요구하기 시작했습니다. 공공재생에너지란 한전을 비롯한 공기업, 지방정부, 그리고 협동조합 같은 공동체가 노동자와 지역주민, 시민들과 함께 에너지의 공공성을 지키며 재생에너지를 확대하고 운영하는 것입니다.

헌법은 태양이나 바람 같은 재생에너지를 '공유재'라고 정의합니다. 어느 한 기업이나 개인이 소유하고 개발하여 이윤을 얻는 것이 아니라, 공적으로 개발, 소유, 관리, 운영해야 합니다. 또 거기서 얻은 이익은 발전 지역 주민을 포함하여 모두가 누릴 수 있어야 합니다. 앞서 말한 세 가지 문제, 즉 석탄발전의 빠른 퇴출, 그리고 석탄발전 노동자들의 일자리 보장, 마지막으로 에너지의 공공성. 이 모두를 지키는 가장 빠른 방법은 공공의 대규모 투자와 재생에너지를 확대해 나가는 것입니다.

노동자는 전기를 만드는 부품이 아닙니다. 석탄발전 시

대에 자랑스럽게 흘리던 땀이 재생에너지 시대에 냉대받고 버려져서는 안 됩니다. 또한 우리의 삶은 자본의 이윤을 위한 담보가 아닙니다. 살아가는 데 반드시 필요한 에너지를 돈이 없다고 사용하지 못하는 일이 있어서는 안 됩니다. 빠르게 이루어져야 하는 탈석탄 사회, 그 과정에서 소외되고 희생되는 생명이 있어서도 안 됩니다. 석탄발전은 멈춰도 우리의 삶과 우리의 노동은 이어져야 합니다.

밀양의 친구들,
우리는 연결되어 있다

오늘 제 SNS에 십 년 전 기록이 떴습니다.

"사무실로 전화가 왔다. 밀양 송전탑에 대안이 있느냐고, 결국은 국민에게 다 같이 돌아갈 이익인데 개인의 이기심 때문에 저러는 게 참 마음 아프다고. 인권과 환경 중요하지만, 일단 경제발전을 해야 한다고. 차분한 목소리로 물으며 간간이 한숨도 섞는 '아무것도 모르는 삼자' 분께 여느 때 같으면 오늘보다 훨씬 더 친절하게 설명했을 것이다. 하지만 오늘은 아무래도 감정이 섞인다. 왜 하필 오늘이냐고. 공권력의 엄청난 폭력이 저질러진 날, 처절하게 눈물 흘리며 상처 입고 끌려 나온 날인데. 송전탑이 필요하다고 생각하는 사람일지라도 최소한 오늘은 참아 주었으면 좋으련만."

2014년 6월 11일 밀양에서 소위 '행정대집행'이 벌어졌습니다. 마을을 가로지르는 765킬로볼트 송전탑 건설에 반대하며 농성장을 만들고 지키던 할매들과 연대자들이 경찰 2,000여 명에게 무참히 끌려 나왔지요. 할매들은 속옷만 입은 채 쇠사슬을 목에 걸었습니다. 그리고 그 쇠사슬을 농성장 기둥에 묶었습니다. 경찰은 절단기를 목에 들이밀어 쇠사슬을 끊고, 사지를 들어 던졌습니다. 경찰들은 그 모습을 보며 웃었고, 이 모든 일을 지시한 김수환 밀양경찰서장은 그 뒤로 승승장구했습니다.

이렇게 지어진 송전탑에 무려 765킬로볼트의 전기가 흐릅니다. 우리 집에 들어오는 전기 220볼트보다 3,500배나 높은 전압입니다. 그런 송전탑이 작은 마을에 69개나 들어섰습니다. 고개를 들면 논과 밭에서, 집에서도 늘 송전탑이 보입니다. 심지어 밤에 비행기가 부딪치지 말라고 불을 켜 놓아서 어두운 하늘에서도 훤히 보입니다. 송전탑 건설을 반대한 주민들과 찬성한 주민들은 서로 마주쳐도 인사를 하지 않을 만큼 골이 깊습니다. 이렇게 십 년 전의 수많은 폭력과 모욕이 잊을 수 없는 기억이 되고, 현실에서도 따라다닙니다.

정부와 한전은 울산 울주군 신고리 3, 4호기 핵발전소에서 만든 전기를 수도권으로 보내기 위해 밀양 송전탑을 지었습니다. 밀양 주민들이 반대해서 생산한 전기를 수도권으로 보내지 못한다면 전력난이 올 거라고 홍보하며 불안을 조장했습니다. 아랍에미리트에 핵발전을 수출하는 데 문제가 생긴다면서 국민들의 경제발전과 수출에 대한 욕구를 자극했습니다.

하지만, 신고리 3호기는 납품 비리와 노동자가 사망하는 사고 때문에 건설이 늦어지면서 2016년 12월에나 가동될 수 있었습니다. 준공 시한을 맞추지 못해 신고리 3호기와 똑같은 모델을 수출한 아랍에미리트에 위약금을 냈지요. 결국 핵발전소 건설 과정에서 생긴 한국수력원자력(아래부터 한수원)과 정부의 잘못을 덮으려고 생존권을 요구하는 지역 주민들을 지역이기주의로 몰아가며 그들을 폭력의 한가운데로 밀어 넣었던 것입니다.

서울에 사는 청소년들에게 전봇대를 본 적 있는지 물으면 대부분 못 봤다고 답합니다. 송전탑 사진을 보여 주고 나서 다시 본 적 있는지 물으면 그제야 고개를 끄덕입니다. 서울로 들어온 송전선과 송전탑은 대부분 땅속에 묻혀 있습니다. 그래서 서울에서는 전봇대를 거의 볼 수 없는 것이지요. 송전선을 땅속에 묻는 '지중화'를 밀양 할매들이 대안으로 제시했을 때는 돈이 많이 든다는 까닭으로 묵살됐는데 말입니다.

우리가 쓰는 전기가 플러그 뒤 어딘가에서 온다는 사실은 알지만, 그 전기를 어디서 어떻게 만들고 운반하는지 알지 못합니다. 플러그 뒤에 송전선이 있고, 송전탑으로 연결된 송전선 끝에는 대부분 핵발전소와 석탄화력발전소가 있다는 사실도 잘 모릅니다. 송전탑 건설 때문에 논밭을 잃고 석탄발전 때문에 농작물이 검댕을 맞고, 핵발전소 때문에 암에 걸리는 주민들이 있다는 사실도 보통은 잊고 삽니다. 그러니 누군가의 희생에 기대어 전기가 만들어진다는 사실은 더더욱 모르지요. 당연히 에너지 문제는 정부나 지자체가 풀어 가야 할 '계획'일 뿐 내 문제로 와닿기 어려워요. 그러나 내가 쓰는 에너지가 우리 집 플러그를 통해 먼 해안가 어느 핵발전소와 연결되어 있다는 것을 깨닫는 순간, 에너지 문제는 내 문제임을 깨닫게 됩니다.

2024년 5월 정부는 제11차 전기본 실무안을 발표했습니다. 이는 2년마다 세우는 정부 계획으로, 전력 수요와 공급의 기본 방향과 장기 전망을 잡고, 그에 따라 발전소와 같은 전력 설비 시설, 전력 수요 관리 계획을 세웁니다. 앞으로 15년 동안 실천해 나갈 중장기 계획이지요. 11차 전기본에서는 앞으로

15년, 즉 2038년까지 우리나라 전력 수요가 지금보다 1.5배 늘어날 것으로 내다봤습니다. 수도권에 들어서는 데이터센터와 반도체클러스터에서 엄청난 양의 전기를 쓸 것이라는 예상 때문이었습니다. 그 수요를 감당하기 위해 핵발전소를 3기나 늘리고 SMR도 4기 한 세트를 더하겠다고 합니다. 여전히 석탄발전과 가스발전은 줄어들지 않은 채로 말이죠. 그렇다고 재생에너지가 많이 늘어날까요? 지금보다 세 배 늘리겠다는 계획을 세웠지만, 다른 나라에 견주면 턱없이 부족하기만 합니다.

생각해 볼까요? 전력 사용량이 느는 곳은 반도체 공장이나 데이터센터가 들어서는 수도권입니다. 그런데 핵발전소는 수도권에 짓기 어렵습니다. 지금 핵발전소가 있는 지역도 부산이나 울산, 경주나 울진, 그리고 영광의 외진 바닷가 앞입니다. 전기를 쓰는 곳과 생산하는 곳 사이의 거리가 멀기에 송전탑과 송전선이 필요합니다. 발전소의 크기가 크면 클수록 운반해야 하는 전기의 양도 늘어나겠지요. 핵발전소 건설은 긴 송전선과 송전탑 문제로 또다시 이어집니다. 한수원은 고려하고 있는 신규 핵발전소 부지는 없다며, 지역에 자율적으로 유치할 의사가 있는지 묻겠다고 합니다. 그렇게 되면 지역에 돈이 풀리고 그 돈을 둘러싼 이권이 생깁니다. 당연히 지역 갈등이 심각해지겠지요. 밀양에서는 서로 의견이 달랐던 주민들이 지금까지도 인사하지 않은 채 대립하고 있습니다. 이처럼 마을 공동체는 핵발전소 때문에 완전히 갈라질 수 있습니다.

2023년 8월, 갑상선암을 앓는 핵발전소 둘레에 사는 주민들이 한수원을 상대로 소송을 했으나, 항소심에서 패소했습니다. 같은 해 6월 환경부는 핵발전소 인근 주민들의 건강 상태를 조사했습니다. 월성(경주)핵발전소 둘레 5킬로미터 안에 사는 주민 960명을 조사한 결과 740명에게서 삼중수소가 나왔습니다. 16명은 염색체 손상도 심각한 상태였지요. 재판부는 이 결과를 확인했지만, 방사선 피폭량이 기준치보다 낮고, 암 발병이 핵발전소 때문이라고 단정 짓기 어렵다고 했습니다. 주민들은 '자신들의 몸이 증거'이며 저선량 피폭의 위험성을 주장했습니다. 피해자는 분명한데 가해자는 없는 이상한 상황이 벌어진 거지요. 울산에 사는 주민은 말합니다.

"지난해 4.0 규모의 경주 지진을 기억하십니까? 지진이 일어난 활성단층 위에는 월성과 고리핵발전소가 밀집해 있습니다. 핵발전소 사고의 파괴성을 우리는 이미 후쿠시마 사고를 통해 가까이에서 지켜보았습니다. 핵발전소 최대 밀집도를 보이는 한국에서 모든 노후된 핵발전소의 수명을 늘려 나간다면 위험성은 더 커질 것입니다. 울산에 사는 저는 그 누구보다 불안합니다. 이곳에 노후된 핵발전소를 십 년 넘게 더 가동하고, 신규 핵발전소와 핵폐기장을 짓는 것이 민생입니까?"

요즘 우리나라에도 지진이 늘고 있습니다. 활성단층 위에 세워진 핵발전소는 지진에 불안하기만 합니다.

"데모하러 서울에 갔는데 마 삐까뻔쩍하이, 마 정신이 없어. 마 대낮겉이 밝아갖고 훤-하이 그란데 마 퍼뜩 그런 생각이 들더라꼬. '아 여 이래 전기 갖다 쓸라꼬 우리 집 앞에다가 송전탑 시운(세운) 기구나.'"

밀양 할매들을 기록한 책 《전기, 밀양-서울》(김영희 글, 교육공동체벗)에 나오는 말입니다. 송전탑은커녕 전봇대 하나도 보기 어려운 서울은 이렇게 다른 지역 사람들의 삶터에 발전소를 짓고 송전탑을 박으며 삐까뻔쩍한 생활을 이어 갑니다.

제가 사는 서울은 필요한 전기의 9퍼센트만 겨우 생산하면서도 우리나라에서 세 번째로 전기를 많이 씁니다. 누군가의 삶터를 저당 잡아 에너지를 생산하고, 누군가의 눈물을 타고 수백 킬로미터까지 전기를 실어 나르는 정의롭지 못한 에너지 구조에 기대어 삽니다. 핵발전소 지역 주민들은, 석탄 발전소 지역 주민들은, 송전탑 건설 때문에 국가 폭력을 온몸으로 맞았던 밀양의 주민들은, 지금도 송전탑 건설 반대 싸움을 이어 가는 홍천의 주민들은, 자신들이 사는 곳을 '에너지 식민지'라고 표현합니다. 그러나 우리 사회는 정의롭지 못한 '에너지 부정의' 문제를 정책으로 의도하고, 또 정책으로 그 사실을 지웁니다. 경제성장이나 안정적 전력 공급, 지역이기주의와 같은 말로 말이지요. 내가 다른 사람들의 삶터에 기대어 있다는 사실을 잊게 하면서 나와 밀양이, 나와 경주가, 우리와 울산이 연결되어 있다는 것을 느끼지 못하게 만듭니다.

우리 사회는 어느 순간 공존보다 이윤을 바랍니다. 그러다 보니 연결보다 하나하나의 이윤을 더 따지게 되었습니다. 숲은 자원을 얻는 땅이 되었고, 갯벌은 공항을 만들기 위한 땅이 되고 있습니다. 바다는 폐기물을 버리는 쓰레기장이 되었고, 생명은 대의를 위해 희생할 수 있는 일부가 되기도 합니다. 그래서 생태계는 파괴되고 기후위기도 심각해졌습니다. 과잉 생산과 소비, 폐기는 얼핏 문명을 발전시키고 인류의 편리함을 이끈 것처럼 보이지만, 결국 자본의 재생산과 이윤을 만드는 데 기여하며 수많은 문제를 만들었습니다. 과잉된 에너지 시스템도 지금의 위기를 만드는 데 큰 역할을 하고 있습니다.

밀양 할매들은 십 년 전 농성장에서 끌려 나온 뒤에도 좌절하지 않았습니다. 우리가 쓰는 전기가 송전선으로 연결되어 있듯 우리의 삶도 연결되어 있음을 스스로 보여 주었습니다. 송전탑이 연결된 핵발전소를 막기 위한 싸움에도 적극 나섰습니다. 세월호 희생자 식구들과 함께 진상 규명을 요구하는 목소리를 내었습니다. 쌍용차 해고 노동자들의 복직 투쟁에도 함께하며 그들의 생존권을 위해 싸웠습니다. 제주 강정의 해군기지를 막는 주민들과 평화의 노래를 함께 불렀습니다. 모두가 국가의 정책과 폭력으로 위협받는 삶 속에서 존엄을 지키려는 행동이었습니다. 위기 속에서 우리의 연결을 확인하고 서로의 관계를 만들어 낸 희망이었습니다.

기후위기 시대, 정의로운 에너지전환은 이런 연결에서 시작합니다. 우리가 쓰는 전기가 어디에서 어떻게 만들어지고 어떤 과정으로 오는지 아는 것에서부터 말이죠. 온실가스를 만드는 화석연료발전소나 핵폐기물을 만드는 핵발전소에서 과잉 생산된 에너지는 결국 누군가의 희생에 기대게 된다는 깨달음에서 시작합니다. '무탄소'라는 이름으로 핵발전소를 더 만들고 초고압 송전탑을 더 짓는 계획이 '나'와 연결되었을 때 환영받을 만한 계획인지, 정의로울 수 있는지 고민해 볼 수 있습니다.

    2024년 6월 8일에는 십 년 전의 밀양을 기억하는 이들이 모였습니다. 그들은 스스로를 '밀양의 친구들'이라 부릅니다. 당신의 알몸을 쇠사슬로 묶고 저항했던 할매들이 함께 생명과 정의와 연결을 말했습니다. 11차 전기본이 가진 문제를 알리고 정의로운 전환을 말했습니다. '밀양의 친구들'은 노후 핵발전소의 수명 연장에 반대하며 농성하는 주민이고, 새만금과 가덕도 공항을 막기 위해 싸우는 생명이고, 멈춰야 하는 석탄발전소를 더 짓는 계획에 맞서는 우리이며, 폐쇄될 석탄발전소에서 정의로운 전환을 말하는 노동자들이고, 정부의 기후대응이 잘못이라고 헌법 소원을 낸 청소년입니다.

    수많은 '우리'의 연결은 더 많은 '밀양의 친구들'을 만들어 가겠지요. 언젠가 어디에서 모두가 '밀양의 친구들'로 만나고 싶습니다.

· 나가며 ·

현재가
미래를 돕는다

"진실이 우리를 해방시킬 것이다."

〈방사능: 쓰리마일섬의 여성들〉(2023)이라는 다큐멘터리 영화 속 마지막 말입니다. 이 영화는 1979년 미국 쓰리마일섬Three Mile Island에서 일어난 핵발전소 사고로 방사능에 피폭된 여성 네 명의 투쟁기입니다. 자신과 식구들이 피폭되고 건강을 잃었지만, 아무도 인정하지 않는 현실에 아파하고 진실을 쟁취하고자 싸웁니다. 영화 속에서는 분명히 피폭된 사람이 있지만, 남겨진 기록에는 방사능 누출이 없습니다. 암에 걸린 사람은 있지만, 책임지는 사람은 없습니다. 수많은 사람이 피해를 입었지만, 정부 정책은 결국 핵산업을 살리는 방향으로 이루어집니다.

영화를 보는 내내 우리 현실과 겹쳤습니다. 핵발전소 인근에 살면서 암을 얻었지만, 핵발전소 때문이 아니라고 합니다. 기후재난으로 숨지고 스러진 생명은 있는데, 기후변화는 없다고 합니다. 온실가스 배출을 줄여야 한다고 하지만, 석탄발전소는 늘어나고 있습니다. 시민들에게는 기후를 위한 생활을 하라고 홍보하지만 정부는 기업의 이윤이 우선입니다. 과연 진실은 무엇일까요.

민주주의의 의미를 다시 생각해 봅니다. 이 땅의 민주주의를 지키기 위해 총칼과 탱크를 막고, 서로를 돌보며 어깨를 걸었던 역사가 있습니다. 국회로 달려갔고, 남태령을 넘었고, 대통령 관저 앞에서 지새운 역사도 있습니다. 기후정의 실현을 위한 민주주의도 마찬가지입니다. 우리는 기후정의를 지키기 위해 몸을 던지고, 사슬을 걸었고, 수갑을 차기도 했습니다. '경제성장'이 사회의 주요한 가치가 된 세상에서 '돈'이 경제와 정치권력을 가집니다. 이는 기후위기의 원인이기도 하고 민주주의를 훼손하는 원인이기도 합니다.

민주주의 위기와 기후위기를 겪는 우리는 진실의 증인입니다. 한강 작가는 과거가 현재를 돕는다고 했던가요. 위기의 시대를 넘고 있는 우리는 그 과거에서 현재를 돕는 빛이었습니다. 그리고 현재인 지금, 우리가 바로 당장 시작하는 기후 행동이 미래를 돕는 힘이 될 것입니다. 우리를 해방시킬 진실은 늘 행동과 연대 속에 있습니다.

뜨거운 지구 뜨겁게 말하자
기후침묵을 넘어서는 우리의 목소리

2025년 4월 15일 초판 1쇄 펴냄

글쓴이 이영경
편집 김누리, 김성재, 이경희, 임헌 | **디자인** 한아람 | **제작** 심준엽
영업마케팅 심규완, 양병희, 윤민영 | **영업관리** 안명선
새사업부 조서연 | **경영지원실** 신종호, 차수민
인쇄와 제본 ㈜상지사P&B

펴낸이 유문숙 | **펴낸 곳** ㈜도서출판 보리
출판등록 1991년 8월 6일 제9-279호
주소 (10881) 경기도 파주시 직지길 492
전화 031-955-3535 | 전송 031-950-9501
누리집 www.boribook.com | **전자우편** bori@boribook.com

© 이영경, 2025

이 책의 내용을 쓰고자 할 때는, 저작권자와 출판사의 허락을 받아야 합니다.
잘못된 책은 바꾸어 드립니다.
값 16,000원

보리는 나무 한 그루를 베어 낼 가치가 있는지 생각하며 책을 만듭니다.

ISBN 979-11-6314-410-6 03300